本书受国家社科基金重大项目"虚拟集聚的理论及其应用研究"（18ZDA066）资助

| 光明社科文库 |

国家质量基础设施
相关理论研究

梁 琦 等◎著

光明日报出版社

图书在版编目（CIP）数据

国家质量基础设施相关理论研究 / 梁琦等著 . -- 北京：光明日报出版社，2020.4

（光明社科文库）

ISBN 978-7-5194-5704-4

Ⅰ.①国… Ⅱ.①梁… Ⅲ.①质量管理体系—研究—中国 Ⅳ.①F273.2

中国版本图书馆 CIP 数据核字（2020）第 059231 号

国家质量基础设施相关理论研究
GUOJIA ZHILIANG JICHU SHESHI XIANGGUAN LILUN YANJIU

著　者：梁琦 等

责任编辑：陆希宇　　　　　　　　责任校对：董小花
封面设计：中联学林　　　　　　　责任印制：曹　净

出版发行：光明日报出版社

地　　址：北京市西城区永安路 106 号，100050

电　　话：010 - 63139890（咨询），63131930（邮购）

传　　真：010 - 63131930

网　　址：http：//book. gmw. cn

E - mail：luxiyu@ gmw. cn

法律顾问：北京德恒律师事务所龚柳方律师

印　　刷：三河市华东印刷有限公司

装　　订：三河市华东印刷有限公司

本书如有破损、缺页、装订错误，请与本社联系调换，电话：010 - 63131930

开　　本：170mm×240mm

字　　数：121 千字　　　　　　　印　　张：11.5

版　　次：2020 年 4 月第 1 版　　　印　　次：2020 年 4 月第 1 次印刷

书　　号：ISBN 978 - 7 - 5194 - 5704 - 4

定　　价：78.00 元

序　言

党的十九大报告指出："我国经济已由高速增长阶段转向高质量发展阶段，正处在转变发展方式、优化经济结构、转换增长动力的攻关期。"推动高质量发展必须贯彻新发展理念，建设现代化经济体系。国家质量基础设施是现代化经济体系的重要组成部分。

一、国家质量基础设施是国际竞争的核心要素和战略资源

2005 年，联合国贸发组织和世界贸易组织在全球提出"国家质量基础（National Quality Infrastructure，简称 NQI）"概念。2006年，联合国工业发展组织（UNIDO）和国际标准化组织（ISO）在总结质量领域100 多年实践经验基础上，正式提出计量、标准化、合格评定共同构成国家质量基础，是未来经济可持续发展的三大支柱。2012 年 1 月 11 日，国务院召开的研究部署进一步加强质量工作的常务会议认为："标准、计量、认证认可和检验检测是质量基

础工作，必须予以加强"。

计量是科学技术的基础，是人类认识世界的工具，历史上三次技术革命都和计量测试技术突破息息相关。世界工业发达国家把计量检测、原材料和工艺装备列为现代工业生产的三大支柱。检验检测是最常见的合格评定形式，是以相关标准或者技术规范为依据，依托仪器设备、环境设施等技术条件和专业技能，予以评定产品或者法律法规规定的特定对象。认证认可是人们信赖检验检测和校准实验室、检查和认证机构工作的一种手段。

国家质量基础（NQI）各要素之间联系紧密，相互作用、相辅相成。标准化给合格评定以依据，同时体现计量的重要价值；计量构筑标准化与合格评定的基准溯源；合格评定则属于重要的手段工具，带动标准得以实施与计量溯源水平进步。三大支柱共同促进产生完整系统的技术链条。

为了在新一轮国际竞争中抢占制高点，许多国家都将质量基础设施建设提到重要战略地位。面对新一轮科技革命和产业变革的挑战，中国从制造业大国迈向制造业强国的战略任务，提质增效升级正在成为我国制造业发展的主攻方向。促进质量全面提升，必须要有国家质量基础设施的强力支撑。

二、国家质量基础设施为制造业强国保驾护航

党的十九大报告明确提出"质量强国"。制造业是实体经济的主体，是国民经济的核心，是立国之本、兴国之器、强国之基。中国制造业的高质量发展，是中国经济高质量发展的支撑。以供给侧结构性改革为主线，以提高发展质量和效益为中心，以国家质量基础设施建设为保障，是中国制造业高质量发展的必由之路。

国家质量基础设施对质量发展支撑而言，计量形成质量控制的基石与根据，标准化引领着技术进步与质量提升，合格评定则塑造质量品牌、建立质量信任。

(1) 计量是产品质量和质量优势的基本保证。计量被形象地称为工业的"眼睛"，在产品生产全过程的每个环节，质量控制水平的提升，都依赖于稳定的计量检测与管理。没有科学、准确的测量，质量就得不到保证。然而更重要的是，在新一代信息技术与产业变革的交汇口，所有制造业企业必须深刻认识到：数据是一种崭新的生产要素，数据就是生产力，产业数字化是发展方向，而数字化的来源，就是计量检测手段提供的数据。所以，在先进制造业和现代服务业"两业融合"的新时代，计量不仅是工业的"眼睛"，更是制造业的"大脑"，企业的计量素质决定了其质量控制能力与产品技术水平，决定了数字化和智能化的前景；而国家的计量能力决定了技术开发能力与科技创新发展。可以说，没有计量就没有科技创新，没有计量就没有现代制造，没有计量就没有制造业的数字化和智能化。计量检验水平的高低是支撑企业和国家市场竞争与创新的重要因素。

科学完善的计量检测手段也作用于产品质量最终的科学评价，促进"中国质量"、"中国品牌"战略。在全球经济一体化条件下催生的跨国生产和专业化生产中，使用计量标准不仅保证了同类产品规格和性能的一致性、互换性和兼容性，还为客观公正评价同类产品的质量提供了等效一致的测量参考尺度。计量也是新技术产品产业化和商业化的桥梁和纽带。

（2）标准是科学、技术和实践经验的总结，标准引领质量。标准的先进性为质量改进提供路线图，从而提高产品与服务的附加值，优化产业结构；也能够带动从基础元器件、基础材料到关键工艺、重大装备乃至整个最终产品产业链的质量提升。标准化是促进制造业减少经济核算成本的基本保证，也是集约化生产得以实现的技术基础。标准化体系的坚持一贯性、可溯源性和准确度，直接影响自主创新的技术水平和产品质量。在国际市场，标准是世界通用的技术语言，是权威的像征，关系到新一轮国际竞争中的战略制高点，谁掌握了标准，谁就掌握了话语权。

（3）检验检测认证认可服务于制造业价值链的多个环节。可以通过技术优势介入企业产品研发和技术创新，同时在生产制造、市场营销等环节发挥着传递信任的作用；在采购管理、技术管理、组织与系统设计等环节也可以介入。对于我国大量处于价值链中低端的制造业企业，需要借助检验检测认证在研究开发、质量保证、营销背书等方面的作用和优势，提升自己的研发能力、营销和品牌运作能力，帮助企业从全球价值链低端逐步跃进高端环节。检测检测认证认可服务业可提供有力技术支撑，为中国制造打造国际市场准入服务平台和面向国际国内市场的本地化测试平台，不断加大国际合作力度，与国际权威机构建立互认资质，尽可能构建"一个标准、一次检测、全球通行"的检测认证体系，助推我国制造业沿着

"一带一路"走出去，成功进入全球市场。

三、国家质量基础设施是数字经济的基础

从十八大提出"推动信息化与工业化深度融合"到十九大提出"推动互联网、大数据和人工智能与实体经济深度融合"，新一代信息技术与工业化融合发展达到一个新高度。习近平主席点明了一个关键词：数字经济。在 2017 年于浙江乌镇召开的第四届世界互联网大会上，数字经济成为热词。习近平在贺信中指出："中国数字经济发展将进入快车道。中国希望通过自己的努力，推动世界各国共同搭乘互联网和数字经济发展的快车。"世界互联网大会的贺信中，习近平主席就曾指出"中国数字经济发展将进入快车道"，"推动世界各国共同搭乘互联网和数字经济发展的快车"。在 2018 年全国网络安全和信息化工作会议上，习近平主席强调："要发展数字经济，加快推动数字产业化。"在 2018 年 11 月于乌镇开幕的第五届世界互联网大会世界互联网大会以"创造互信共治的数字世界——携手共建网络空间命运共同体"为主题。习近平主席在贺信中提出了一个希望："希望大家集思广益、增进共识，共同推动全球数字化发展，构建可持续的数字世界，让互联网发展成果更好造福世界各国人民"。在给 2019 中国国际数字经济博览会的贺信中，习近平主席指出，"当今世界，科技革命和产业变革日新月异，数字经济蓬勃发展，深刻改变着人类生产生活方式，对各国经济社会发展、全球治理体系、人类文明进程影响深远。"

我们的认识是：数字经济包括两个方面，一是数字产业化，二是产业数字化，这与互联网＋、＋互联网一脉相承，但更突出"产业"的理念；而国家质量基础设施是产业高质量发展的保障。

当前人们也认识到数字经济发展必须重视基础设施建设，但是大家指的是数字基础设施。2020年3月，中央政治局常委会上提出要加快以5G、人工智能、工业互联网、物联网为代表的新型基础设施建设进度。人们称之为"新基建"。我认为："新基建"应该包括国家质量基础设施建设，可以说，国家质量基础设施既是产业数字化的标配，是数字产业化的先导，国家质量基础设施建设是数字基础设施建设的基底。

举例来说，智能工厂的技术解决方案包括四个层级。第一个层级是设备层面的基本功能组件，第二个层级是车间层面的控制系统，第三个层级是工厂层面的生产执行系统（MES），第四个层级是企业层面的集成应用软件。在这四个技术层级中，第一个层级一般不互联，而是在第二个层面上实现互联，由于这一层面我国制造业已实现标准化，技术上已不存在问题，但是在第三个层级的互联是打通制造层面和企业层面两套信息化系统的关键桥梁，是目前我国比较难以实现的，就因为 MES 系统是定制的，标准难以统一。标准化影响着我国工业互联网建设。所以说，国家质量基础设施是数字基础设施的基础。

四、推动国家质量基础设施建设是中国经济高质量发展的保障

做强国家质量基础设施，对于建设质量强国，迈向质量时代，

加快推进"中国制造向中国创造转变，中国速度向中国质量转变，中国产品向中国品牌转变"具有十分重要的意义；对于发展数字经济，迈向信息科技时代，加快实施新发展理念，为中国经济增长赋予新动能，增强国家竞争力和可持续发展能力，同样具有十分重要的意义。

我国在这方面刚刚起步几年，推动国家质量基础设施建设必须做好顶层设计。

一要加强法制建设。法律法规是推动国家质量基础设施发展的强大力量。要实施严格的知识产权保护，以确保真正的创新引领发展；要严打假冒伪劣，坚决杜绝劣币驱逐良币；要保证公平竞争的市场环境，创造良好的营商环境。只有建立完善的法律法规体系，才能为夯实国家质量基础设施，推动中国制造业质量提升提供制度保障。

二要提倡信用文化。信用文化是中国特色社会主义的应有之义，全社会要大力提倡信用文化，建立社会信用体系，而质量诚信文化是社会信用文化的重要组成部分。要大力弘扬诚信精神，建立失信惩戒机制，增强企业和消费者对失信行为的监督意识，共同营造诚实守信、合规经营的社会氛围。全社会的信用文化和诚信精神是以国家质量基础设施建设促进制造业高质量发展的外部环境。

三要提倡质量教育。质量重在意识，意识首靠教育。目前在我国商学院本科教育和 MBA 等专业硕士培养体系中，质量教育被忽略。大多数综合性大学商学院并不开设质量管理等相关课程，质量专业人才培养缺乏，标准化意识缺乏，要从根本上改变这种现状，就要从教育做起。要唤醒企业的质量意识，唤醒全社会的质量文明，真正促进中国制造业和中国经济的高质量发展，先从教育和人才抓起。

四要加强理论研究。实践出真知，理论出自实践，又高于实践、反过来又指导实践。德国以制造业强国享誉全球并引领潮流，源于其强大的制造能力和工业体系及工匠精神，而这给了德国工业理论研究之肥沃土壤。据说早在 2002 年德国物理技术研究院对计量、标准化、合格评定（检验检测与认定）就有充分的认识，将它们归纳为质量基础设施概念。之后随着新一代信息技术与制造业的融合，德国于 2011 年开始逐步推出工业 4．0，质量基础设施、信息基础设施这些概念的引导起着重要作用。在数字经济成为新业态新动能的背景下，为建设现代化产业体系推动中国经济高质量发展，必须加强国家质量基础设施的相关理论研究。

梁琦

2019 年 5 月初稿，2020 年 5 月修改

目　录
CONTENTS

第一章

课题研究背景与意义

第一节　研究背景

2005 年，联合国贸易发展组织和世界贸易组织首次提出"国家质量基础（National Quality Infrastructure，NQI）"概念，国家质量基础包括计量、标准、检测、认证、认可。2006 年，联合国工业发展组织（United Nations Industrial Development Organization，UNIDO）和国际标准化组织（International Organization for Standardization，ISO）在总结质量领域 100 多年实践经验基础上，正式提出计量、标准化、合格评定是未来经济可持续发展的三大支柱，它们共同构成国家质量基础。国家质量基础设施是一个年轻的概念，世界通行的经验做法是将国家质量基础设施发展成完善国际贸易政策的重要抓手和政府宏观调控转型的技术支撑。中国若建成宏伟的质量大厦，同样离不开统筹规划，深化质量基础领域的全面改革，巩固夯实国家质量基础设施，促进经济社会的质量进步与升级。

伴随着经济的发展和科技的进步，质量问题逐步成为经济发展中的一个战略问题，质量水平的高低也是一个国家经济、科技、教育和管理水平的综合反映。世界主要发达国家与制造强国不约而同地将质量基础建设作为国家战略予以推动，都对国家质量基础加大了投入与关注力度，并出台专门的战略与政策。因此可以说，国家质量基础已经成为未来竞争中获得先发优势与话语权的核心要素和战略资源，关系着新一轮国际竞争中的战略制高点。我国也正处于经济"新常态"、制造业转型发展的重要关口，这同样也对国家质量基础建设提出了紧迫需求。在2016年的全国两会上，"建设质量强国"首次在政府工作报告中被提及。同年3月16日予以表决通过的《国民经济和社会发展第十三个五年规划纲要草案（草案）》中，第二十二章专门部署如何实施制造强国、质量强国战略，强调制造业竞争新优势的培育①。这成为经济发展"新常态"下的明确要求，也为建设质量强国注入新的动力。如今的中国已然成为世界第二大经济体，"中国制造"行销全球、享誉世界，并发展成为全球公认的制造业大国与世界第一货物贸易国，中国已取得了长足的进步。但长久困扰着中国制造未能成为制造与质量强国的掣肘，仍存在产品质量总体不高、自主品牌拥有较少、产品出口附加值较低等问题，建设质量强国任重道远。

当前，我国经济社会发展进入新的历史阶段，面临着国家发展

① 新华社. 中国国民经济和社会发展第十三个五年规划纲要（全文）[EB/OL]. 新华网，2016–03–17.

战略的新要求及国际经济政治环境新变化的机遇和挑战，主要表现在以下几个方面。

一、中国经济进入新常态，"双创"引擎推动经济发展

我国经济经过多年的高速发展，现已成为世界第二大经济体，但是在我国经济发展中各种结构性矛盾渐进累积，内需、外需不协调，地区差距、城乡差距仍然较大，随着劳动力成本不断攀升和资源环境约束持续强化，传统的改革红利、开放红利逐步消退，原有的经济增长模式难以为继，我国经济发展的条件和环境已转入新常态。经济增长的引擎也随之发生改变，逐渐由要素驱动转向创新驱动。"大众创业、万众创新"被写进总理政府工作报告，"双创"正受到前所未有的关注。如今的中国，创新驱动创业、创业带动就业已经成为经济发展新常态下的新引擎，一系列关于"双创"的优惠政策也如雨后春笋般出现，促使我国掀起了"双创"的新浪潮。同时，创新发展是国际竞争的大势所趋。当前世界范围内新一轮科技革命和产业变革加速演进。我国只有努力在创新发展上进行新部署、实现新突破，才能跟上世界发展大势，把握发展的主动权。"十三五"也是我国发展质量提升的关键时期，只有真正建立起质量创新的体制和机制，才能实现将经济发展建立在提高质量和效益的基础之上。质量创新将有效地改变我国要素的供给结构，成为新常态下经济发展的重要新动力。

国家质量基础设施是以质量提升为目标的技术支撑体系，主要

包括标准化、计量、认证认可、检验检测等要素，四者之间具有紧密的内在逻辑关系。而创新一般指新的知识、思想、方法和技巧或新的应用，可以产生独特的能力和利用组织的竞争力。由于表现形式和成果的内隐性，质量基础的社会机构和创新之间的紧密联系往往不很明显，但可以相信，计量、标准化与合格评定，由各类国家质量基础设施提供的服务是新的社会和技术发展的重要驱动力。质量基础设施的所有元素，有助于一个社会的质量能力提升，通过创造和扩散新技术，以在不断更新的环境中应对变化的挑战。2016 年5 月，中共中央、国务院印发《国家创新驱动发展战略纲要》，进一步要求实施知识产权、标准、质量和品牌战略，提升中国标准水平，推动质量强国和中国品牌建设。2017 年 5 月，为推进我国 NQI 的科技创新，科技部会同国家质量监督检验检疫总局等 13 个部门，制定了国家重点研发计划《国家质量基础的共性技术研究与应用》重点专项实施方案。总体目标是：到 2020 年，实现我国 NQI 总体水平达到并跑，在部分领域达到领跑水平。

二、"走出去"战略的实施，加速融入全球经济

从国际环境来看，自 20 世纪末以来，经济全球化趋势发展迅猛，这为各国的跨国公司是发展中国家的跨国公司提供了新的发展契机，跨国公司得到了空前发展。从国内环境来看，多年以"引进来"为主线的改革开放，使中国有效利用了大量的国际资金、先进技术和管理经验，加快了后发的工业化进程，推动了本国经济的快

速发展，从而使"走出去"战略得到确立。"走出去"是中国经济和中国企业参与经济全球化，应对经济全球化带来的国际竞争和挑战的战略性选择，标志着中国改革开放进入了新的阶段。

全球化竞争市场是一个平台，中国企业"走出去"的国际化经营只是站在了平台的门槛。中国作为发展中国家，由于薄弱的经济实力和落后的科学技术，其企业在融入全球经济过程中遇到的风险、挑战将更加严峻。例如，中国制造业整体仍处于全球产业价值链的中低端，难以摆脱被动接受国际产业分工的"外需依赖型"模式，且难以突破"低端制造＋低端服务"形成的价值链"低端循环锁定"。特别是在装备制造领域，我国还是以买装备造产品为主要生产模式，装备制造仍是短板。中国企业的国际化经营战略，应该是一种立足于全球统一大市场的发展战略，并努力通过核心竞争力的提升挤入全球产业链的高端甚至顶端。通过质量基础设施的建设，开展国际互认合作，能够改变我国企业不熟悉标准、不贯彻标准的现象，使产品在满足认证要求的同时也基本满足国外市场的技术要求，为企业出口提供良好的技术保障和产品质量安全保障，提升我国企业的质量管理水平，促进相关产业的优化升级，减少技术性贸易壁垒，传递"中国制造"信誉，增强贸易利益相关方之间的信任度，提高贸易自由流通程度，促进世界贸易发展。此外，通过中国计量和质量标准、中国质检技术等具有自主知识产权的质量基础设施相关建设，更有利于从根本上融入全球产业链高端，争夺全球产业高地。

三、"一带一路"倡议的实施，加强区域互联互通

2013 年，中国国家领导人高屋建瓴提出共建"丝绸之路经济带"和"21 世纪海上丝绸之路"的重大倡议，吸引了全世界的目光，得到有关国家的积极响应。随着《推动共建丝绸之路经济带和 21 世纪海上丝绸之路的愿景与行动》的发布，"一带一路"宣告进入了全面推进阶段。"一带一路"，既是文明、文化的"一带一路"，更是经济、贸易的"一带一路"，经济贸易的交流和繁荣，离不开"一带一路"上各个国家和地区对质量的认同。要知道，"一带一路"最重要的一点，就是通过高质量产品的贸易交易，最终实现"一带一路"上所有人民生活质量的提升。"一带一路"倡议主张打通陆海通道，通过实体项目的实施，推进区域基础设施、基础产业和基础市场的形成，促进广泛的互联互通，推进贸易投资自由化和便利化，形成有利于共同发展的贸易投资及人员、信息和资金移动的新规则，缩小经济发展差距，形成"后危机时代"国际经济合作新思维，确立符合世界经济发展多样性的合作新范式。在国务院办公厅下发的《贯彻实施质量发展纲要 2015 年行动计划》中，就明确提出要围绕实施"一带一路"倡议，加强检验检疫、认证认可等方面的国际合作。《2015 年全国打击侵犯知识产权和制售假冒伪劣商品工作要点》更是首次提出开展中国制造海外形象维护"清风"行动，制定 3 年行动计划，对出口"一带一路"沿线国家和地区的重点商品开展专项整治。充分说明了在"一带一路"的贸

易合作中，质量基础的重要作用。

以标准、计量、检验检测、认证认可为主要元素的国家质量基础设施既是政府发挥监管职能的技术支撑，也是实施国际贸易政策的重要内容。在"一带一路"国家战略中，充分发挥好质量基础的作用，就是要发挥质量基础在国际贸易中的"规则"作用，只有"一带一路"上是所有国家和地区在质量"规则"上取得最大限度的认同，才更利于彼此生产制造的产品更好地流通和交换。随着"一带一路"的全面推进，我们也应从质量基础入手，通过标准、计量、检验检测、认证认可以及检验检疫等方面的交流合作，在"一带一路"上唱响"中国标准"，助力中国制造。

四、"中国制造2025"战略的实施，迎合"互联网＋"思维

工业4.0是继蒸汽机的应用、规模化生产和电子信息技术等三次工业革命后，人类迎来的以信息物理融合系统（Cyber – Physical Systems，CPS）为基础，以生产高度数字化、网络化、机器自组织为标志的第四次工业革命（如图1－1所示）。四次工业革命将导致智能制造的出现，它通过互联网特别是决定生产制造过程等的网络技术，将实体世界与信息系统相结合，使得企业未来将机械设备、库存系统以及物资融合在一起，而系统、设备、物资之间可以自主交换信息、开展行动，甚至相互监控，实现实时管理，而支撑"工业4.0"的则是物联网技术和制造业服务化倾向的兴起。第四次工业革命是"互联网＋"时代对制造业的升级。"互联网＋"是一种

互联网思维，是一种创新和糅合，它把很多传统行业和互联网结合在一起，通过互联网来拓展业务，成为一种真正的生产力。

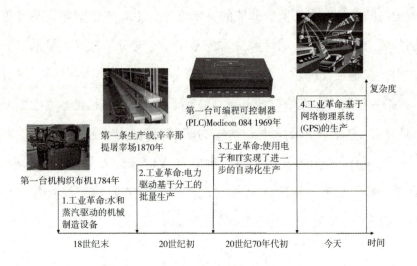

图1-1　工业革命演进图

（根据文献整理，由作者绘制）

伴随"互联网＋"时代的来临，并应对第四次工业革命，中国政府出台了《中国制造2025》行动纲要。新一轮科技革命和产业变革的核心在于工业、工业产品和服务的全面交叉渗透，而这种交叉渗透需要借助软件，通过在互联网和其他网络上实现产品及服务的网络化而实现，其建立在信息和通讯技术高速发展的基础之上，借助于这个系统，生产、物流、工程、管理以及互联网服务等多种流程能够结合起来，实现智能制造的目的。"工业4.0"要求实现技术标准化和开放标准的参考体系，检验检测技术也需要融入每个生产环节，这主要是出于联网和集成的需要，没有标准和检验检测显然无法达成信息的互换，而开放标准的参考体系，包括公开完整的技术说明等资料，有助于促进网络的迅速普及与社会各方的参与。以上目标的达成必须建立在国家质量基础设施的建设基础上，完善和推广计量、标准体系的同时，也要发展检验检测技术和设备，助力互联网时代我国制造业发展与腾飞。

五、供给侧结构性改革

当前，中国不缺消费潜力，供给的矛盾不是量不够，而是质不足。与内需难堪局面恰好相反，我国消费者在境外疯狂扫货，随着"80 后""90 后"新消费力量的崛起，人们不再满足于低端产品，尤其中等以上收入人群对高质量的生活充满期待。而面向低收入群体为主的供应体系，没有及时跟上中等收入群体扩大的消费结构。经十二届全国人大四次会议审议通过之后，经政府工作报告正式对外发布，"供给侧结构性改革"成为一项工作重点。在供给侧结构性改革中，李克强总理在政府工作报告中提出了一项重要工作是"努力改善产品和服务供给"，并明确要求要突出抓好 3 个方面：提升产品品质、促进制造业升级和加快现代服务业发展。由此不难看出，通过供给侧改革倒逼企业转型，质量建设是普遍性路径，它必须贯穿于生产、研发、销售、服务整个生产链条，质量成为提升供给力和理顺供需关系的关键。2017 年 10 月 18 日，习近平同志在党的十九大报告中指出要"深化供给侧结构性改革。建设现代化经济体系，必须把发展经济的着力点放在实体经济上，把提高供给体系质量作为主攻方向，显著增强我国经济质量优势"①。

因此，供给侧改革的重点是质量的提升。只有优质的国内供给才能适应需求，而优质的供给来源于质量的提升。用质量提升助推供给侧改革，通过国家质量基础设施建设，加快质量结构调整，促进资源向高端产品流动，引导经济进入供给、就业、需求、创新互相促进、不断优化的良性循环，避免"供给老化"，淘汰落后产能，防范过剩恶化。通过降成本、升质量，实现供求双方共赢共享，让经济发展处于"供给自动创造需求"的理想运行轨道上。一方面，要以科技推动产业升级换代，减少资源消耗，加快品牌培育；另一方面，要加大国家质量基础设施相关基础科技投入力度，推动我国标准和国际标准接轨。

六、生产性服务业加速发展

国务院高度重视服务业发展。近年来陆续出台了生活性服务业发展指导意见，服务供给规模和质量水平明显提高。与此同时，我国生产性服务业发展相对滞后、水平不高、结构不合理等问题突出，亟待加快发展。生产性服务业涉及农业、工业等产业的多个环节，具有专业性强、创新活跃、产业融合度高、带动作用显著等特点，是全球产业竞争的战略制高点。

2016 年 5 月 14 日，李克强总理在国务院常务会议中指出，要

---

① 新华社. 习近平强调，贯彻新发展理念，建设现代化经济体系［EB/OL］. 新华网，2017 – 10 – 18.

更多依靠市场机制和创新驱动，重点发展研发设计、商务服务、市场营销、售后服务等生产性服务，促进提升国民经济整体素质和竞争力。鼓励服务外包，加快发展第三方检验检测认证服务。大力培养生产性服务业急需的高端人才和创新团队。2016年2月3日国务院新闻办发布了《国务院关于加快发展生产性服务业促进产业结构调整升级的指导意见》，该意见指出：现阶段，我国生产性服务业重点发展研发设计、第三方物流、融资租赁、信息技术服务、节能环保服务、检验检测认证、电子商务、商务咨询、服务外包、售后服务、人力资源服务和品牌建设。意见的"主要任务"部分第六点即为"检验检测认证"。2017年1月，国务院印发的《关于扩大对外开放积极利用外资若干措施的通知》提到，鼓励外商投资高端制造、智能制造、绿色制造等，以及工业设计和创意、工程咨询、现代物流、检验检测认证等生产性服务业，改造提升传统产业。

加快发展生产性服务业，是向结构调整要动力、促进经济稳定增长的重大措施。其中，国家质量基础设施的重要组成部分——检验检测认证产业同时也是我国发展生产性服务业的重要组成部分，在加强质量安全、促进产业发展、维护群众利益、服务民生工程、保障国家安全等方面发挥着重要作用。加快发展第三方检验检测认证服务，加强计量、检测技术、检测装备研发等基础能力建设，加大生产性服务业标准的推广应用力度，提升国内质量基础设施建设成果的国际影响将成为我国生产性服务业发展的重点。

第二节　研究意义

十八大以来，党中央、国务院把质量放到了更加突出的位置，明确要求"把推动发展的立足点转到提高质量和效益上来"，"十三五报告"中 65 次提到"质量"，67 次提到"标准"，涉及产业、经济、环境、科技、食品安全等重要方面，国家要求加快实现推动中国制造向中国创造转变、中国速度向中国质量转变、中国产品向中国品牌转变"三个转变"，把提质增效升级作为经济工作的重要目标任务，为新时期质量工作指明了方向，为建设质量强国注入新的动力。十九大报告再次指出，"坚定不移贯彻新发展理念，坚决端正发展观念转变发展方式，发展质量和效益不断提升。"同时也做出了"我国经济已由高速增长阶段转向高质量发展阶段"的重大判断[①]。质量第一、质量强国，已成为我国基本国策。

国家质量基础设施既是政府发挥监管职能的技术支撑，也是实施国际贸易政策的重要内容。基础不牢，地动山摇。要建成宏伟的"质量大厦"，满足国家产业和经济发展的需求，必须夯实标准、计量、检验检测和认证认可这四大国家质量基础设施。

---

① 陆轶之．贯彻落实十九大精神　学思践悟新时代观 ［EB/OL］．人民网，2017 – 12 – 20.

一、NQI 建设对产业的支撑作用

面对新一轮科技革命和产业变革，工业发达国家国家质量基础设施建设作为国家战略予以推动。目前，世界主要发达国家和制造强国，都对国家质量基础加大了投入力度，并出台专门的政策。如美国国会颁布质量促进法案，将计量、标准化列入国家全球战略；德国实施"以质量推动品牌建设、以品牌助推产品出口"的国策和"工业 4.0"计划，将标准作为核心战略；日本实施"质量救国"政策，研究制定"知的基盘"政策体系构架，首相牵头研究制定日本国际标准综合战略；韩国提出国家质量经营战略框架，总理担任国家标准理事会理事长。

我国正处于经济转型发展的重要时期，各产业大而不强的现状对国家质量基础设施建设提出了紧迫需求。

目前，企业仅以满足强制性标准等为目标，导致产品质量水平普遍不高，影响了产业质量整体提升。国家质量基础设施建设将形成更高水平的技术体系标准，从而有效地引导制造业企业主动加强产品质量升级和内部质量监管。国家质量基础设施建设包括企业产品和服务标准自我声明公开与监督机制，其能更好地发挥企业在标准方面的主体责任，让国家质量基础设施相关体系与各企业之间形成相辅相成的关系。

在贸易便利化国际背景和改革开放攻坚期、简政放权、转变政府职能的背景下，若能以更大的体系、更高的要求审视自身，国家质量基础设施中的重要组成——检验检疫便能通过创新进出口监管模式和口岸通关放行模式，不断提高检验检疫工作的针对性和有效性，为国内消费市场的质量安全保驾护航。

构建现代化检验检测认证机构，一直是我国国家质量基础建设中改革的重点。如国务院办公厅转发了中央机构编制委员会办公室（简称"中央编办"）、质检总局《关于整合检验检测认证机构的实施意见》。检验检测本身就是高精尖技术及设备的集合，并且质量服务业具有鲜明的产业特殊性，以检验检测认证机构为主的质量服务机构的市场化改革，将有利于相关制造技术的市场化运作，促进高技术生产性服务业的发展，提升我国质量总体水平。

国家质量基础在工业领域的应用贯穿产业发展全过程，是支撑工业提质增效升级的重要技术基础。我国一直十分注重国家质量基础建设，我国的质量基础建设也初见成效，尤其是近 10 年加大了相关投入后，取得了一些成绩。总体来说，我国的国家质量基础呈现出技术体系不断完善、法律法规逐步完善、参与国际活动能力不断增强等特点。

但是，同时也存在顶层设计欠缺、工业转型发展支撑有待加强、全球经济话语权有待提升、政策环境有待完善等问题。建设质量强国任重而道远，夯实国家质量基础是全社会共同的责任。要携手并进，进一步深化标准、计量、检验检测、认证认可改革，不断提高质量基础设施建设水平，为促进产业的提质增效升级做出更大的贡献。

二、NQI 建设对国民经济发展的作用

党的十八大以来，党中央、国务院把质量放到了更加突出的位置，明确要求"把推动发展的立足点转到提高质量和效益上来"。习总书记要求加快实现推动中国制造向中国创造转变、中国速度向中国质量转变、中国产品向中国品牌转变"三个转变"。李克强总理提出要把提质增效升级作为经济工作的重要目标任务。十九大报告同样强调了要重视质量发展和效益提升。这些指示和要求，为新时期质量工作指明了方向，为建设质量强国注入了新的动力。国家质量基础设施建设对于国民经济的健康有序运行会产生以下积极作用和影响。

（1）维护市场经济秩序

国家质量基础设施建设加强了产品与服务供给方的管理，提升了企业研发能力，降低了产品与服务的安全风险，从而提升了产品与服务的质量和安全环保等性能，使消费者权益保护得以落到实处。

（2）促进产业转型升级

国家质量基础设施涉及经济活动的每一个环节，运用相关技术调节和技术评价作用，使有关生产活动符合国家产业导向，淘汰了落后产能，促进了资源节约和企业节能减排目标的落实，推动了节能环保型产品和循环经济的发展，助推了制造业、农业、服务业转型升级和战略新兴产业的发展。

（3）推进供给侧结构性改革，积极参与第四次工业革命

制造业是国民经济的主体，是立国之本、兴国之器、强国之基。

国家质量基础设施建设能够推动质量监管体系的完善，夯实质量发展基础，推动传统产业向中高端迈进，化解过剩产能，促进各类企业协调发展，优化制造业布局，实现我国由世界制造大国向世界制造强国的华丽转身，为实现中华民族伟大复兴的中国梦打下坚实基础。

（4）突破贸易壁垒，加速融入经济全球化浪潮

国家质量基础设施建设有利于企业对接国外技术标准，降低企业跨国经营风险，打响民族品牌，为对外贸易投资搭建互信桥梁，有效避免或减少国外技术壁垒，提升中国企业和产品的国际竞争力，推动对外贸易投资的发展。

（5）加速质量服务市场化，助力生产性服务业发展

国家质量基础设施涉及生产的各个细节，加快发展第三方质量服务，鼓励不同所有制质量服务机构平等参与市场竞争，不断增强权威性和公信力，助力我国高端生产性服务发展，完善生产性服务业结构。

三、本课题的研究价值

本书以研究国家质量基础设施内容体系与运行机制为目标，在广泛借鉴国内外相关研究成果的基础上，依托公共服务品、质量管理、系统理论等相关理论，在对我国现行质量基础设施体系总体框架综合阐述的基础上，对我国质量基础设施体系运行现状及问题进行分析研究。并结合国内外质量基础设施体系的典型实例与现实数据说明，对质量基础设施体系的地位和作用进行分析，进一步提出构建完善的质量基础设施体系及运行机制的政策建议。

　　理论意义上，从质量基础设施基础政策研究的角度来说，以"基础设施"作为基本的研究对象，本身涉及更多的是政府"管理规制"的工具，是协调不同市场交易对象利益分配的有效手段，但这一手段也要随着内外部市场环境的变化进行不断的调整和完善。对于质量基础设施而言，各个环节和模块部分的行业发展与政策也是学者关注较多的议题，在质量基础设施大体系里面融合以后，由于行业模式、政策倾向等的变化，在此基础上也产生了新的社会问题，质量体系、检验检测与标准认证等传统规制与新兴问题等。

　　现实意义上，任何基础政策的变化都是在适应社会变动的过程中不断发展，质量基础设施体系的建立属于重大的社会政策的调整，政策内容涉及体系内各要素相关利益机构、行业和参与者，规制环节与制度设计也最能体现我国经济社会转型和推动质量标准向纵深发展的方向。这些政策在瞬息万变的市场变化中有效地推动着质量基础的稳步前进，现实政策实践的结果是推动质量基础设施基础政策研究的现实驱动力。

　　这些问题是我国质量基础设施体系转变与发展的合理产物，既体现出与其他基础设施建设、国外质量基础设施建设相比一定的共性问题，也表现出中国国情和体制下的特性视角与思路，这需要我们在深入了解质量基础设施行业环境和管理体制的基础上，结合质量检测与标准体系改革的思路，重新定位质量基础设施在整个产业中的地位和作用。同时综合国内外以往质检机构与标准体系的改革、质量监督机构的实践经验，在建设质量基础设施的理论内涵、机制设计、行业规划和外部环境调整方面进行更多的思考与分析。

第二章

NQI 的概念界定与研究综述

质量基础设施的概念从国外引进，质量管理的相关实践逐渐成为研究的热点受到高度关注，在十多年的研究过程中，国外学者尝试界定质量基础设施的操作性定义与内涵，但国内学者仍未对质量基础设施的框架体系与构成要素达成共识。对国内外相关文献的细致研读整理发现，质量基础设施的概念内涵可从以下方面进行诠释。

发展经济学先驱之一罗森斯坦·罗丹（Rosenstem Rodan）认为基础设施构成经济发展的基础，成为工业化过程中的关键因素与社会的先行资本。艾伯特·赫希曼（Albert Hirschman）主张基础设施是三类产业活动必不可少的基础服务，构成社会经济活动的间接成本，于是有了交通与水力发电等界定为狭义的基础设施。

国内方面有广义基础设施包括交通运输、邮电通信等部门和狭义基础设施包括交通运输、邮电通信等的有形产出部门分属于的广狭义分法；也有划分为生产性、生活性和社会性的职能分法（钱家骏、毛利本，1981；刘景林，1983）；物质性、制度性基础设施的分法等（高新才，2002），物质性有生产性、非生产性的基础设施，影响着生产要素的可利用性；制度性基础设施涵盖政治制度、法律等上层建筑等，影响着生产要素的利用效率。

基础设施能为诸多产业发展与居民消费提供服务，构成国家或地区经济活动的基础条件。一般广义与狭义的基础设施概念来自对其服务范围大小的界定。本课题主要选取广义角度，认为划分为物质性以及制度性的基础设施分法符合质量基础的科学性。国家质量基础设施存在物质性的用于企业组织生产的必要基础设施，同样有科研、计量、监测等非生产性的基础设施设置，也有关于标准化、认证认可方面的制度和政策体系，因此属于综合概念体系里的基础设施。质量基础的技术性、专业性较强，从技术基础的理解出发也可以大概理解，技术基础是为经济、科技和社会发展提供技术支撑的共性技术手段、公用技术设施以及社会管理和保障模式，这包括技术基础设施、技术保障机构及其人才队伍、综合管理体系和相关政策法规等。

第一节　内涵与特征

国家质量基础概念由 2005 年世界贸易组织和联合国贸易发展组织共同提出，国家为推进质量建设而建立和执行的有关标准化、计量测试、认证认可、检验检疫检测等所需的质量工作体制、机制及法规制度框架，一般统称国家质量基础。国际标准化组织和联合国工业发展组织 2006 年正式提出计量、标准化与合格评定（包括检验检测、认证认可）共同形成国家质量基础，2009 年《合格评定，建立信任》一书的联合出版，使得国家质量基础的概念从理论上得到进一步明晰。立足于一百多年质量领域实践经验的基础上，认为未来世界经济可持续发展的三大支柱便是计量、标准化与合格评定，它们已经成为企业和政府维护安全和提升质量、提高生产力、维护生命健康、保护消费者权利、保护环境的重要技术手段。

　　2012 年 1 月 11 日，国务院研究部署进一步加强质量工作的常务会议认为"标准、计量、检验检测和认证认可是质量基础工作，必须予以加强"。2014 年 9 月 15 日，在首届中国质量大会上再次强调"计量、标准、认证认可、检验检测是国际公认的国家质量基础，政府要注重质量基础建设"[①]。

　　国家质量基础作为质量生产的根基，可以作为质量管理活动的基础工作或先行性建设的基础设施。各个发达国家也纷纷将"国家质量基础"建设写进了国家的战略之中，纷纷给予建设国家质量基础予以国家战略核心内容的定位。尤其作为经济体发展潜力非常重要的一个指标，世界银行也引用国家质量基础的概念体系作为衡量经济体的质量基础建设。

　　尽管基础设施种类繁多，但是质量基础设施与交通、通信、水利、文化教育、医疗卫生等国家公共基础设施具有以下公共的特征。

① 刘峰峰. 国家质量基础研讨会在京举行［J］. 中国标准导报，2014（09）：22 - 23.

1. 基础性

共同的基础性特征不言而喻，它们所提供产品或服务价格与性能的内在变化，不可避免会由其他部门作用形成连锁反应，也有着必须投入的"社会先行资本"之称。一方面是指所提供的基础设施内产品与服务的价格与性能内生了其他部门联结产品和服务的成本；另一方面是指它们同时构成其他生产部门后续社会经济活动与工作事项的前提，如一、二、三产业的各项活动大抵都离不开电力、交通、通信等基础设施。

2. 自然垄断性

自然垄断性主要表现在两方面：（1）地区依附性。物质性基础设施大多提供的是服务而非产品，制度性基础设施亦然，其中的显著特点就是基本就地生产与就地消费。（2）具备大量的沉没成本。提供基础设施服务总成本的主要部分，来自网络的建设和巨大的维护费用。每一类基础设施基本都通过自身的网络以输送产品、材料、能源、信息或人口。

3. 外部性和公共产品性

基础设施项目一般存有较强的外部性，往往具备以下特征：（1）社会效益重于经济效益，即供给基本公共产品的生产与服务大多由政府提供，私人完成部分也有政府采购的方式提供；（2）直接效益优于间接效益，即目的不仅限于经济意义，效益也大多不可准确衡量；（3）整体效益先于局部效益，即投入基础设施对国家或地域发展的影响与战略性意义应予以考虑；（4）长期效益大于短期效益，即投资基础设施应该更加注重长期效益。一部分的基础设施无疑类似于公共物品，提供具有相对非竞争性与非排他性的服务。

质量基础设施具有与交通、通信、水利、文化教育、医疗卫生等国家公共基础设施的不同特征主要包括以下几个方面。

1. 内在系统性

囊括计量、标准化、检验检测与认证认可四大基础要素的整体性与系统性设计内在地构筑了质量基础设施体系，每一部分也自成链条与子系统，贯穿经济发展和社会事业发展的全过程。要形成解决国家重大需求的合力，坚定地高举质量发展的大旗，以国家质量基础技术的融合实现协同联合的创新组织模式，服务于质量全面进步和质量强国建设，真正彰显出质量基础的技术支撑作用，需要这四大基础组成要素凝聚在一起、协同一致、整体发力。

2. 涉外性强

质量基础设施经常体现于进出口或国际的商贸交易，迎接自由贸易与全球化带来的挑战，也是瓦解技术性贸易壁垒的关键。如今，质量方面的问题已经随着主观认知的转变逐渐适应于全球市场的、可协商的客观准则，进而经国际和区域标准化、计量或认可组织中转化成统一标准。为了达到统一和相互认可的贸易交流地位，建立相应的国家质量基础设施，在很大程度上为全球贸易的所有竞争者提供了平等地位。

3. 表现形式的内隐性

将四大基础组成要素融为一体的质量基础设施体系，已经像空气和血液一样，融入社会经济发展活动的各分支领域与工作事项，由古代始发的度量衡统一，进而到如今现代社会的国家质量基础，业已成为国家公共治理乃至全球治理的重要制度与技术规则。而由于各个部分通常以一种无形的方式运作，我们常因只接触到体系中的一部分而没有意识到这一点，实际上国家质量基础对产品和生产、服务过程至关重要。

4. 产业化倾向

质量基础之所以成为一个较为基本与普遍性的问题，源自经济社会发展过程中社会企业质量信息不对称的情形产生的广泛需求，是质量经济发展的基本趋势。完善发达的质量基础设施，代表着广泛的适用性、技术的先进性、管理的科学性等。同时质量基础专业技术与产业发展、企业生产的紧密结合，强调各组成要素与市场机制、企业制造相互融合的重要性。政府也逐渐引导产业化发展方向，作为促进产业升级转型与快速发展的工具配套此类专业技术生产服务；而企业自主知识产权的关键技术与专利同样可以得到一致认证认可，成为专业计量基准与通行标准。

5. 建设周期较长且有阶段性调整

与一般公共基础设施不同的是，质量基础设施属于承担量值传递、保证测量准确的计量技术机构以及进行标准制定、质量评定认可的检测机构构成体系总称，涉及各个子模块的协调统一而建设周期较长。以标准化为例，一般国家标准的变更周期与战略规划都为5年，且需要地方性法规的衔接与许多联动政策的支持。而同时为反映经济社会的最新发展、科学技术的不断进步与相关利益群体的不同利益诉求，质量基础体系内的计量基准、标准体系、检测指标与认证认可手段也会适应阶段调整，发挥更好的指导作用。

6. 战略前瞻性

质量基础设施同样区别于其他公共基础设施的，在于把握国际国内质量发展形势，坚持质量科技引领与创新驱动，充分发挥质量进步之于富国强国建设的引领作用。在经济社会发展中质量的战略地位更加凸显，"质量时代"的内涵愈加深刻。质量总体水平逐步成为国际竞争力的制约关键与瓶颈，促进先进专业质量技术服务于国家发展的战略需求，以提升国际化质量水平与质量能力素质为立足点，质量基础设施的技术体系构成扭转局面的重要抓手。

只有深刻了解质量基础设施的上述特征，才能够对基础设施的发展做出符合公平、效率与综合运用原则的规划和设计，最终对企业与政府在基础设施发展中的作用予以准确定位，从而确定质量基础设施投入与发展的资金来源，发挥出应有的重要作用。

第二节　地位与作用

一、国家质量基础的基本地位与作用

1. 实施贸易政策维护国际竞争核心利益的手段

计量、标准化、检验检测与认证认可是质量管理的基础手段，也是符合世界贸易组织规则的技术性贸易措施。当前，国际技术性贸易措施的影响远超其他非关税措施，呈现出现数量增多、要求苛

刻、形式隐蔽的特点。而在经济全球化的背景下，计量、标准、检验检测与认证认可也已经成为国际通用的"技术语言"。国家质量基础是一项重要的工具，可以提高竞争力，推动全球贸易往来。通过废除限制性过强的强制性标准，让自身标准对接地区和国际贸易伙伴的标准。而这些也需要国家建立体现透明、开放、良好管理的质量机构。政府在建设与升级国家质量基础设施的过程中承担着重要的角色定位。做好国家质量基础的工作可以更容易获得国际承认，促进经济社会良性发展。

发达国家一方面通过提升质量基础设施的技术水平，提高劳动生产率；世界主要经济体也都在努力提升本国校准测量能力，以不断满足参与国际贸易和国际竞争的需求。另一方面充分发挥 NQI 的技术规则作用，抢占新一轮国际竞争的制高点与话语权。据统计，2013 年新通报技术性贸易措施 3433 项，2014 年上半年就达 2018 项，2016 年新通报技术性贸易措施 2333 项，2017 年达 2585 项。《欧盟玩具指令》受限有毒有害物质多达千余种。日本"肯定列表"制度规定每种食品、农产品涉及的残留限量标准平均为 200 项（徐建华，2016）。正如 ISO 秘书长所言："不参与标准化和认证认可，就意味着把决策权拱手让给竞争对手"。

2. 政府监管建立社会经济活动秩序的技术支撑

按照法律赋予的职责，质监部门对计量、标准化、认证认可和检验检测等国家质量基础履行综合管理职责。计量检测是提高产品质量的重要手段。凭数据指导生产，监控工艺，检测成品，质量才能真正得到保证。标准是质量的前提和基础，标准对质量有重要的牵引作用，有好的标准，才会有好的质量和效益。认证认可是国际通行的质量管理手段，是市场经济运行的基础性制度安排。依托计量、标准、认证认可、检验检测建立并完善起来的质量监督工作体系，要充分履行和发挥质量监管职能保障质量发展和质量安全，也须充分完善生产许可、监督抽查、市场准入、检验检测、认证认可、执法打假、缺陷召回、风险监控等制度措施。

计量、标准化、检验检测与认证认可的本质目的是，在一定范围内实现协调一致，达到最佳效果。从古代文明的度量衡，到现代社会的质量基础，计量、标准、检验检测、认证认可就像空气和血液一样，已经融入人类社会经济活动的各个领域，成为国家治理乃至全球治理的重要技术规则和制度。有序的社会生产、有序的日常生活、有序的国家运转、有序的贸易往来，当然源自并得益于统一的国家质量基础（徐建华，2015）。

3. 激发市场活力推动创新的公共服务平台

国家质量基础始终与科技相伴、与创新相随，二者相辅相成、相互促进，共同支撑创新驱动发展战略。计量是人类认识世界、改造世界的工具。而实施标准就是科技成果的转化过程，在这个过程中又有科技的再创新，随着标准的修订完善，又将后续创新成果纳入标准，"制定—实施—修订"标准的过程，恰是"创新—应用—再创新"科技的过程，创新与标准的关系极为紧密。创新与标准化的"交互扩散效应"，借助市场机制促进生产要素在各领域高效流动和配置，当具有战略意义的关键技术与技术标准有机结合，就可以占领该领域的制高点。

政府通过发挥计量、标准化、认证认可、检验检测的技术支撑作用，搭建计量、标准化、检验检测和认证认可的专业技术平台，推出新产品、催生新业态，支持企业开展关键技术与质量共性技术攻关。加强计量检测公共服务平台建设提供计量测试校准检测服务。政府积极引导企业应用先进的计量测试技术，促进企业产品升级和技术创新；同时指导生产企业合理配置计量检测仪器和设备，加强应用和管理计量检测数据，实现对生产全过程的有效监控。政府通过建设农业质量安全保障体系、公共服务技术支撑体系、标准化政策法规体系服务企业发展，鼓励企业参加重要技术标准研制，增强话语权，突破技术性贸易壁垒，促进贸易发展。认证认可可以从源头上确保产品质量安全，规范市场行为，提高企业的管理水平，促进对外贸易。

二、对企业经营活动的影响分析

1. 对企业的战略性作用

分析了建设质量基础设施对政府政策规划的作用后，也有必要以企业主体的层面来阐明质量基础之于企业的战略性作用及竞争力影响。企业的竞争力与国家的竞争力相辅相成，国家为企业竞争力的增强创造环境和条件，而国家的竞争力又是由优势企业、行业和产业集群所组成。因此不能忽视质量基础对企业经营活动的作用，其主要影响表现为以下所述。

（1）使企业逐渐成为行业规则的制定者

"进入威胁"形成企业的五种竞争力之一，其影响大小取决于已有的进入壁垒结合潜在进入者可能遇到的现有竞争者的反击。而构成重要的进入壁垒之一的，就可以是囊括计量、标准化、检验检测与认证认可的质量基础体系。计量划归了产品的溯源基准与条件，标准化规定了产品的生产条件和技术指标，检验检测与认证认可确保了产品的质量达标与市场畅通，先发企业努力推动将本企业的优势技术与质量基础相融合，特别是由于专利技术的加入形成处于技术领先地位的企业或集团的"事实标准"，这往往无形中构成行业面对后发企业作为跟随者的准入门槛，质量基础体系于是也就成为企业获取先发竞争优势的重要缘由（赵树宽等，2004）。

随着信息时代的到来与变革，谁占据领先的标准及标准体系建设，谁就掌握了行业规则制定与形成的主动权，而这往往就来自最具竞争优势与质量基础敏感度的企业。以标准化建设为例，如美国高通公司在无线通信技术码分多址（Code Division Multiple Access，简称 CDMA）的先进技术领域获得专利技术创新优势后，随即促进将自身专有技术融入行业标准，再发展进行标准及体系的维护与输出，以收取专利费与相关标准咨询实现企业利益最大化，从而也将低端制造环节全部转移了出去（姜春霞，2014）。以此推知，产业外部环境发生的巨大变化与产业边界的日益模糊，形成企业着眼于未来产业及其发展战略的机遇与挑战，构建良性的质量基础也更有意义。

（2）可以支撑和促进企业的自主创新

质量管理是一个整体的管理理念，培养一个组织的所有功能，通过持续改进和组织变革。融入企业的质量基础可以捕捉不同组织模式的特点，从而扩展为他们提供的原则、方法和技术。质量管理实践是预计将直接或间接地导致改进产品质量、性能和竞争优势的关键活动（Vazquez，2005）。而这和创新紧密相连。质量管理在创新活动中通过帮助组织更新顾客需求的变化，减少非增值活动，减少新产品开发时间和成本。而如领导的质量管理和培训等实践，也间接导致通过其他活动对绩效和创新性能产生积极影响。

囊括了计量、标准化与检测认证各种组成要素的质量基础本身就是自主创新的成果，是经验积累与科技研发的结晶；同时质量基础又形成科技研发的基石，搭建技术创新的服务平台。如标准化方式的应用可以提高科技研发的效率与成功率，并以标准和体制的形式尝试将技术创新成果加以固化，进而通过质量基础的推广实施推动向现实社会生产力转化，提升自主技术创新的产业化发展水平，自主知识产权也就成为企业实现利益最大化的有力武器之一（Choi，2014）。美国标准与技术研究院（NIST）的愿景宣称："一直并将继续促进美国的产业竞争力和创新，推进标准、测量科学和技术来提高我们的生活质量和促进经济安全"（Semerjian，2006）。

（3）能够引致企业经营成本大幅降低

通过质量基础管理的系统实践，可以加强企业内外部的沟通协作，打造更为扩张与顺畅的对内对外接口，同时可以促进实现企业的规模生产以降低成本，从而直接降低企业的多方面成本，提升企业的产品与服务竞争力（Manglesdorf et al.，2013）。

　　企业经营与生产过程中要提高产品质量，减少消耗降低成本，依赖于计量测试手段的准确与齐全。计量为质量管理提供统一一致与准确可靠的数据，逐步实现社会化、机械化、自动化与专业化地控制原辅材料、半成品和最终产品质量，从而服务于高效的经济核算（韩晓波，2005）。标准化通过简化品种也可以降低供应商所面临的风险，一定程度上也可以降低交易中的信息成本。一方面，消费者可以随产品进入市场，透过标准了解产品质量信息，而无须做大规模的市场调查，信息搜寻成本得到节约；另一方面，标准制定的过程中需要各方做一些评估、论证等工作，申报和披露与知识产权和技术相关的信息，信息交换的成本也由此得以减少（吴锦圆等，2011）。企业谈判与签约过程中需要进行大量的协调，检验检测与认证认可则相应可以降低企业的谈判签约成本与监督执行成本。检验检测对产品服务的相关性做出的明确而具体的规定，可以使谈判的次数和时间大大减少，谈判和签约成本由此降低；而认证认可意味着企业自我声明该产品符合一定的质量特性，表明企业在产品服务上采用了相关标准，这就成为供需双方交货、验收的一种有效的质量承诺与技术依据，交货时的检测成本从而减少（邱钟华，2014）。

　　质量基础对企业具有重要的战略性作用，对企业竞争力的提升和长远发展具有不可忽视的重要意义。这些作用能在超乎微观作用之上的企业系统整体上体现出来，也由其在企业价值链中的具体影响所反映。

2. 对企业经营活动的融入

质量基础对企业的作用，决不仅限于在企业的竞争战略层面具有重要意义，更重要的是在企业的微观层面，协调统一地在各个环节各自发挥作用。国家质量基础能够从多个环节和多个层面对企业价值链的一系列价值增值经济活动起到促进作用（如图 2 - 1 所示）。

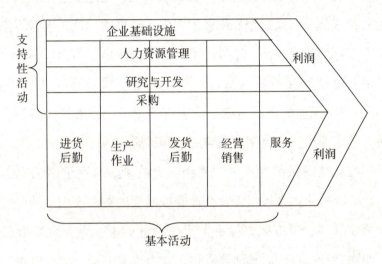

图 2 - 1　价值链内涵图

（根据文献整理，由作者绘制）

价值活动主要可分为基本增值活动（基本活动）和辅助性增值活动（支持性活动）两大类。基本活动大多直接涉及或参与产品服务实体的生产加工与流转，联系着企业产品或服务的物质创造及转移买方、市场销售及售后服务的各项活动，一般称之为"生产经营环节"。支持性活动是基本辅助活动，囊括技术开发、人事管理、采购支持与组织构架等，并通过各种公司范围内的基本职能活动如技术、人力资源、采购投入等提供资源与投入支持（郭占元，2015）。

计量是产品质量和质量优势的基本保证，没有科学、准确的测量，质量就得不到保证。计量工作是促进管理现代化和技术进步的重要条件，是企业经营管理和生产的重要技术基础，是保证产品质量、提高企业素质的"先行者"。由计量检测手段提供的数据信息，是管理、协调、组织与控制生产的联结系统，也是工业生产信息流的主要组成部分。通过企业积极采用先进严格的标准，坚持不深层加工不合标准的半成品，不投产不合标准的原料，不出厂不合标准的产品，保证产品质量的稳定性也便得益于质量标准（尚晓丽，2014）。科学完善的计量检测手段也将作用于产品质量最终的科学评价，使企业生产出更多的名牌产品和优质产品。

标准化是确保产品质量、使企业走质量效益型道路的有力保障。企业标准化体系可以涉及企业管理制度的方方面面，其中包括职业素质标准、岗位职责标准、岗位考评标准、企业全面形象管理、组织管理、行政后勤保障管理、人力资源管理、生产管理、技术研发管理、设备管理、质量管理、财务管理、物控管理、营销管理、经济合同管理、管理判例等方面（邝兵，2011），是企业管理运行较为完备的制度体系，为企业步入良性的发展轨道奠定了坚实的基础。

检验检测认证认可同样可服务于生产制造企业价值链的多个环节。检验检测认证产业可以通过技术优势介入企业产品研发和技术创新，同时在生产制造、市场营销等环节发挥着传递信任的作用；在采购管理、技术管理、组织与系统设计等环节同样介入生产制造企业的价值链（赵苗，2014）。从全球价值链上来看，检验检测认证服务于从低端的加工制造到高端的研发设计、品牌营销等每个环节，而对于处于价值链中低端的国家，需要借助检验检测认证在研究开发、质量保证、营销背书等方面的作用和优势，提升自己的研发能力、营销和品牌运作能力，帮助制造企业由 OEM（Original Equipment Manufacturer）向 ODM（Original Design Manufacturer）和 OBM（Original brand Manufacture）转型升级，从全球价值链低端逐步跃进高端环节（刘志彪，2006）。

3. 消极影响

质量基础体系在促进企业产品与服务质量发展的同时，当然也存在由于自身因素而对企业各项经济活动的开展可能起到负面影响的情形发生。

执法力度和有效度影响对企业质量监管和认证的阻碍。在实施强制性产品认证中，作为被赋予进行行政执法权力的各地质检部门面临着如何有效执法的困境。质量认证机构也多为质量认证证书的颁发机构，没有做到对申请企业或者通过认证企业的监督、监察，"只管收费，不管服务"是大多数中小企业涉及强制性或自愿性产品认证和质量体系认证的时候，对质量认证机构的多数抱怨之声（张婉林，2015）。不完善的质量法制和质量监督体制，纵容了生产商和销售商进行生产和销售假冒伪劣商品的违法行为。

收费较高和工作复杂等问题可能加重企业负担与成本。质量基础的各项工作属于企业的生产服务投入，在高投入不一定能带来高产出或效率的情形下，计量基准、标准体系与质量认证等的先进与高标准严要求，可能加重一些企业的负担与成本投入。中小企业对质量认证反应强烈的一个突出问题是质量认证的收费标准高，加重了中小企业负担。特别是对一些刚刚成立不久的中小企业，高额的质量认证费用无疑使得通过质量认证可望而不可即。仅以中国产品强制认证3C为例，企业单个产品办理3C认证费用一般就需要4万多元（赓金州，2012）。

标准体系与质量认证体系达标方式的一些弊端。质量体系也存在一定的消极影响因素，很多追求质量认证的中小企业受到质量认证标准化、达标论证方式的限制，缺少了中小企业根据市场变化进行产品改革和创新的意识，使得更新和变革跟不上形势的发展。这种忽视了质量体系从标准化质量体系向特殊化、个性化标准质量体系的创新发展，忽视了从达标论证式的标准质量向顾客满意的标准质量发展的趋势，势必导致我国对外贸易的发展和经济的增长速度受到限制（杨丽娟，2013）。标准体系的更新与变革，如与新的环境形势不相适应，便只得不断扩大其统配性，又导致在执行与实施中的不严密。

第三节　国内外研究综述

一、国外研究现状

国外学者十分重视质量基础设施体系各部分要素及系统建设对

社会经济发展的理论和实践研究。2013 年世界银行的年度发展报告（Tippmann & Racine，2013）立足于国际质量基础，引导了各国政府和学界关注到国家质量基础结构要素、设施体系建设等问题的研究上。系统研究质量基础设施的构成要素主题，肯定了国家质量基础对实现经济增长和改善市场环境、生活质量等方面的积极作用，对质量基础性质、发展局限与低效率状况和原因、发展战略规划等进行了较为透彻的分析。

1. 质量基础设施的定义、内涵与作用相关系统研究

经 Sanetra & Marbán（2007）两位学者研究和定义，质量基础是一系列活动的整合和协调的结果，几个相互关联的活动如计量、标准化、检验检测和认证认可。国家有义务规范市场环境、卫生和安全等方面有关的措施、法规及标准相关的有效制度，以及政府当局和私营结构在这些问题上的责任。质量基础设施代表着国家的有效公共结构，在全球政策和执行国际规则方面能表现出更好的立场来表达人民的利益。Gonçalves，Göthner & Rovira（2015）基于拉加经委会和德国国家计量研究所的研究，开篇的导入中 Göthner 也详细研究和介绍了质量基础设施，可以被定义为一个完整的机构网络，包括公共或私人的利益相关者，和规范它，为它制定、编辑和实施标准的法律框架，涵括计量、检验检测与认证认可等在一起相关联的联结体。质量基础设施的目的是为了改善产品、工艺和服务的适宜性，以防止贸易壁垒，促进技术合作。其中对计量、标准化、检验检测和认证认可几个子模块系统的详细定义、涵括机构与基本作用的认识也接续到了后续的很多相关文献（Singh et al,

2011；Clougherty et al，2014；Timmermans et al，2010）。

2. 质量基础在经济发展社会进步过程中地位与作用的综合认识

Renard（2005）探讨了质量认证、规制和标准在国际贸易中的食品生产和销售中起着越来越关键的作用。Terlaak & King（2006）采用美国制造工厂的 11 年的面板，以测试产生竞争优势是否与参与国际标准化组织、质量管理标准的认证有关。Lapan & Moschini（2009）研究发现，在竞争市场环境中的质量认证标准可以提高社会福利，但可能会影响不同的消费者和生产者。Ulrich（2010）研究从国家质量基础设施和创新驱动的相关性着眼，通过检查多个国家的创新系统实践经验，确定了一个嵌入国家质量基础的政策体制背景下触发和驱动创新的多元化途径，质量基础设施与创新的互动能够为当地企业创新创造提供有效动力。Semerjian（2006）通过 NIST 所提供的测量和标准的作用与应用实例，也发现质量基础设施是发展国内和国际贸易的关键支撑，当然更重要的是促进创新，促进科学发现向市场应用的转变。

3. 质量基础设施在具体国家某细分行业或机构系统里的建设与实践研究

Schilling，Cranovsky & Straub（2001）在瑞士的资格认证和认证的背景下，早期通过卫生保健质量方面的一份倡议报告，对六种不同的质量倡议的可能性进行了研究和讨论。Ticona & Frota（2006）回顾了合格评定程序和巴西工业产品的贸易，且考虑在产品认证的基础上对四种主导产品钢铁、汽车车身、汽车轮胎和水泥等的选择，评估了相关的经济影响。Gonçalves，Göthner & Rovira

（2015）通过对某些国家一级个案研究的方法论分析和实现，更详细地了解质量基础设施在开放区域内国家竞争和创新可能性扮演的重要角色，为我们更全面了解质量基础设施的影响，彰显了对于经济社会发展很好的借鉴作用。Bakhtiar（2014）研究介绍了印度尼西亚国家质量基础设施的相关评价结果，政府提出的草案立法涉及计量标准和合格评定，而文章基于定性的方法的评价确保立法建议草案能够有助于提高业务活动和日常生活的效率和效益。研究针对印度尼西亚质量基础设施的五个关键问题及关系进行评价和政策建议。Goncalves（2012）研究发现生产生物燃料日益被视为非洲国家实现各种发展目标的机会，然而也有相关的风险如粮食安全、温室气体排放量以及生态系统的可持续性。文章主张来自创新政策和做法的质量基础设施可以实现促进局面的扭转与调整。

二、国内研究现状

国内对于质量基础设施建设的研究暂时还大多停留在对质量基础设施各个子部分与社会经济发展的认识层面，质量基础设施相关的系统文献较少。发展中国家在发展阶段更看重基础设施存量的快速增长对社会经济的拉动作用，但质量基础设施体系仍大多停留在技术研究层面，对于整体对社会经济、行业发展、国际贸易等造成的影响效应还没有得到足够重视。

1. 国家质量基础的初步认识

葛思扬（2014）尝试给出了质量基础的内涵和概念，参考国外的相关研究解析了质量基础的重要作用，强调我国从制造大国迈向制造强国必须夯实质量基础工作。王平（2011）连续两篇文章回顾了西方国家早期的产业革命和企业内部标准化、民间标准化组织的产生，对标准化的基本概念进行了重新思考，对标准化组织的基本特性、标准化的外部性、企业内部标准化的基本形式、经济发展过程中的自愿性标准等问题也进行了讨论。许增德（2015）在对国家质量基础的概念与作用机理做了充分认识的基础上，回顾了认证认可事业的长期发展，并做出发展定位与行业方向的规划。程虹等（2013）重点研究了影响战略实施的质量治理能力、质量基础、质量服务业等几个重大方面的问题。

2. 国家质量基础各个子模块对于经济社会发展的作用研究

沃尔夫冈·施威茨、苏红（2005）研究计量基础设施形成巨大的压力来自迎接新时代各方面的挑战，文章也从瑞士国家计量体系角度集中分析了计量的普遍内在特征。刘辉、刘瑾（2012）研究发现加强集群的技术创新是促进产业集群在浙江得以升级的一大抓手，同时验证了标准化与产业集群技术创新的重要互动关系。王腊芳等（2015）讨论了检验检测服务业被定义为八大高技术服务业之一后，面临的许多重大发展机遇和挑战。金碚等（2012）认为政府应当逐步建立起市场经济条件下的基于第三方检验认证机构的检验认证监督管理体制，角色随行业的发展进程而不断调整。

3. 国家质量基础与当下中国新时势的紧密联系

国家质量基础与当下中国新时势的紧密联系体现在制造业转型升级、产业结构调整、创新能力建设、"一带一路"国家战略等方面。李满力（2014）溯源计量与质量两者相互促进又相互制约的关系，重点讨论计量的发展与质量的提升紧密联结的关系。熊勇（2013）认为标准化对内可以保证产品质量、促进技术发展，所以技术标准战略作为一种措施、一种方法和手段，也首先要为产业发展服务。张研等（2012）认为技术标准的先进性对于提升产业竞争优势和完善产业创新系统具有重要的意义，也能带动起技术创新的良性循环。张绍旺（2015）探讨计量在"一带一路"担当"纽带"的重要角色，而进一步提升计量工作在经济社会发展中重要作用的影响力。

《2013 年发布世界银行报告：国家质量基础的构成要素》（柯里斯蒂娜，粟志敏，2014）由中外学者共同译制，较为系统地研究和分析了国家质量基础的构成要素内容、发展局限、发展战略规划等方面的内容，这是我国在世界银行报告的支持下，较早地以质量基础设施为研究对象，开展的基础性政策理论研究，为以后质量基础设施建设体系的维护和管理研究开拓了思路。但还需要开拓更深的研究视角，给予更多的研究思考。

第三章

NQI 的技术组成要素分析

第一节　质量基础设施的技术组成要素

世界银行所提出的国家质量基础最佳实践方法由一系列组织机构构成，分别负责评估产品、流程或服务是否符合具体技术要求，制订标准，以及证明要求与标准得到满足。国家质量基础展开一个分权体系，体系内各成员均作为法律上独立的个体进展运作（江苏现代计量，2014）。组成国家质量基础的要素核心参见图 3 - 1。

这些组成要素之间具有密切的相互关系，如果不能共同积极地运作与融合并得到国际认可，就无法可靠地执行起这些组成要素，无法彼此贯通且合意成为协调一致的共同体。

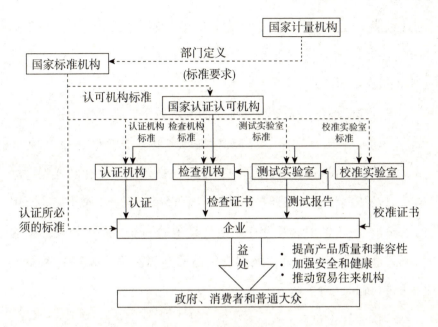

图 3 - 1　国家质量基础

（根据 Christina, T. & Racine, J. L. 2013. *The national quality infrastructure：a tool for competitiveness, trade, and social well - being* 翻译整理，由作者绘制）

一、计量

计量（Metrology）源属于测量，但又比一般测量严格，是确保量值溯源可靠、单位实现统一的事项活动。它与其他测量一样，也可理解为测量与试验的联合。过程特点有分析、探索、研究与试验，具备准确性、溯源性、一致性、法制性等特征，属于测量的科学与应用。计量对测量起着指导、监督与保证的作用，涵盖整个测量领域，是科技与经济社会发展不可或缺的一项重要技术基础。企业的计量素质日益决定了其质量控制能力与产品技术水平，而国家的计量能力也决定了其技术开发能力与科技创新发展。计量检验水平的高低已成为支撑企业和国家市场竞争与创新的重要因素（Redgrave et al，2005）。

计量属于准确可靠、科学统一的测量科学。出于作用领域的分类，区分了科学计量（主要测量标准或主要方法的制定）、工业计量（工业测量设备的正确维护和控制，包括校准仪器和制定测量标准）以及法制计量（按照技术法规规定的标准，验证商业交易所用的手段）。除了保护消费者在合法交易中的利益，质量相关方面的精密测量对全球性企业和地方供应商的全球化生产显得日益重要（Schmid et al，2009）。

1. 国家计量机构

一般而言，每个国家都有一个国家计量机构，负责制定和维护国家的物理量测量标准和化学量测量标准。不管这些标准实际上是否具有最高的可实现准确度（基准），只要是国家测量标准，就代表了国家的能力。国家计量机构可视为国家测量标准的保管机构和验证机构，因此该机构必须获取、保存、制定和宣传基本的测量单位，以及最高级别的校准标准（Park et al，2010）。国家计量机构向国家体系提供了溯源性，并确保计量性能符合国际技术指南的规定，测量仪器的测试程序受法律控制，而且从制造商的角度来说，确保他们的产品满足国际的计量性能和测试规范。

国家计量机构的主要职能如下：主导建立并向国内用户及产业统一传递国家测量标准，主要计量实验室；建立、维护国家测量体系，向二、三级实验室网络提供技术支持；提供国家体系融于国际体系的溯源性；向测量、标准物质、校准和数据相关的所有产业提供技术支持，为他们的测量工作建立起溯源性；建立国家标准体系与支持制定参考标准；确保测量的一致性并予以国际协调。

2. 校准实验室

国家计量机构的任务是建立测量标准并在国内进行传递，还要负责测量仪器的校准。对于一些小型经济体，它们的校准需求很少，因此国家计量机构几乎能够满足这些经济体的所有要求。但是对于工业化国家，情况就并非如此。比如在德国，成千上万的工业测量仪器可溯源到国家计量机构——德国联邦物理技术研究院（Physikalisch – Technische Bundesanstalt，PTB），因此只有更高精度的仪器才会在这里进行校准。校准实验室可以是私人企业，也可以是公共企业，它们通常使用二级测量标准或工作测量标准（可溯源到国家计量机构）来校准客户的仪器。从工业测量仪器到国家测量标准这个连续的溯源链，应确保在给定的测量不确定度之内。除了客户校准所用参考标准的溯源性，校准实验室必须按照 ISO/IEC 17025 实施质量体系（如图 3 – 2），并且实验室提供给客户的校准范围必须通过认可，以证实自己的技术能力（Sanetra et al，2007）。

3. 化学计量

由于人们越来越重视环境、健康、食品和转基因，化学分析的可靠性也日益重要。用于物理量测量的简单层级原理不适用于化学领域，因为化学领域存在成千上万不能直接用国际单位制来衡量的已知参数，因此不得不制定其他获全球认可的测量标准。在某些国家，除了物理参数，国家计量机构已尝试发展化学测量标准，诸如

质量基础设施——计量

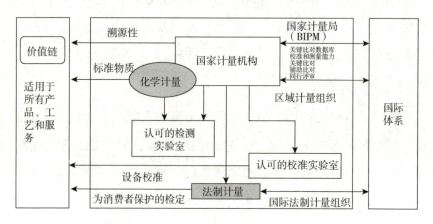

图 3-2　质量基础设施体系——计量

（根据 Sanetra, C. & Marbán, R. M. 2007. *The answer to the global quality challenge*: *A national quality infrastructure.* 翻译整理，由作者绘制）

美国国家标准与技术研究院（National Institute of Standards and Technology，NIST）、墨西哥国家计量中心（Centro Nacional de Metrología，CENAM）、韩国标准和科学研究院（The Korea Research Institute of Standards and Science，KRISS）（Goncalves et al，2015）。化学计量的建立无任何特殊诀窍，各国的要求也各有不同，但是各经济体一般都很重视按照目标市场要求，建立针对主要出口产品（如海鲜、酒或蔬菜）可靠可溯源化学指标的测量。国内消费者的保护目的主要与饮用水、食物和药物有关（Redgrave et al，2005）。

4. 法制计量

顾客支付产品或服务费用时，必须依据所显示的实际数量，不能按照单一的标准来验证所有的商品交易，因此需要法律保护机构来承担消费者保护的责任。相比质量方面的测量仪器工业计量的校准，将测量仪器与更高准确度的测量标准进行定期重复比较测量获得仪器相关信息，法制计量的检定就是在技术法规规定的可被接受公差以内验证测量仪器显示的指示值（Gujadhur et al，2010）。检定办公室通常依靠自身的技术设施，进行现场检定，但是他们的检定标准要溯源到国家计量机构的国家测量标准，工业校准实验室也同样如此。国际法制计量组织（International Organization for Legal Metrology，OIML）为制定标准化测量和检定程序的国际建议提供组织协调工作，某些区域还建立了区域组织，比如亚洲的亚太法制计量论坛（Asia – Pacific Legal Metrology Forum，APLMF），以及泛美计量体系（Inter – American Metrology System，SIM）的法制计量工作组。

二、标准化

标准（Standard）的目的是实现最佳的共同效益，结合科学技术和实践经验的成果，通过规定程序形成的一种规范性基础文件。标准逐渐作为世界的通用语言，社会经济活动的技术依据，在促进技术创新、增进沟通互信、降低贸易成本等方面发挥着日益重要的作用。标准化（Standardization）自然是制定、发布及实施标准的过程，活动内容十分广泛。标准体系（Standard System）可存在由内在联系不同与所建立的体系对象不同的多种划分方式，按涵盖的体系范围不同可分为企业、门类、专业、行业、国家等不同层次的标准体系（王平，2012）。

标准作为强制技术法规的一部分，是经济和立法体系的完整成分之一，也是一些重要领域的基本要素，比如环境保护、工作健康及安全（Gujadhur et al，2010）。标准化组织的主要任务是支持标准化过程、统一和协调现有的工作标准。通常也存在一些适当的标准化体系，国外选择由私有部门运行，确保产业和其他利益群体能够充分参与进来。标准化组织与各类标准体系提供了企业活动的参考框架，为供应商及其客户提供共同的技术语言，同时促进相互间贸易与技术转让。国家标准法案规定了每个国家标准机构的成立和任务，使得所有标准（如图 3 - 3）能在全国范围内实施（Sanetra et al，2007）。

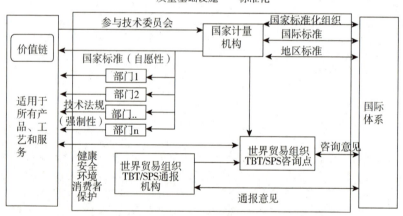

图 3 - 3 质量基础设施体系——标准化

（根据 Sanetra，C. & Marbán，R. M. 2007. *The answer to the global quality challenge：A national quality infrastructure.* 翻译整理，由作者绘制）

1. 国家标准

为了测量值、检测结果和质量参数具有再现性和可比性，并且不受执行机构的支配，需用到标准、技术法规和指令。这些标准构成了一个自愿性协议，但是如果要强制达到相互认可，国家标准就会构成计量、检测与其他质量要素的强制基础设施。除了含有政治意图，这些标准的执行需要依靠私人机构或公共机构（国家标准机构），这些机构具有必要的人员和资源以完成这些标准在全球范围内规定的相同任务：识别重要的标准领域、团结相关利益团体、采用详细制定的草案、把标准作为国家标准来执行等（Goncalves et al，2015）。

使用这些标准可以节省成本。比如，生产行业制定了室内门的标准，因此建筑行业和最终用户就不需要定做室内门，本地生产的所有室内门都可以互换。如果政府招标修建一批学校，那么招标条件可以规定按照行业标准使用室内门，而不是探究室内门的具体规范，从而降低了制造成本，缩短了交付延迟（Sanetra et al，2007）。如果缺失有效的标准化体系，尤其是牵涉国家利益所有领域内的计量、检测和质量标准，计量、检测和质量范围确立也提供不了面向产业或客户保护的服务。另一方面，许多产业如果各国采用不同的标准，就难以促进国际商业的发展。如通讯、信息处理、银行以及金融机构如果不遵守相同的规则，他们的业务就无法跨越国界。

2. 技术法规（强制性）

技术法规专门适用于产品、生产方法或工艺的专门符号、包装、术语、标签或标志要求，对执行的产品特性或其生产方法和相关工艺予以强制规定，也涵盖适用管理规范在内的文件。具有强制性的指令一般在一些与安全、健康、环境和消费者保护相关的领域。顾名思义，专用的标准可以自愿执行，反过来如果是国际通用的标准必须是强制执行。为了避免重复工作，技术法规应尽量参考相关的国家标准。如果监管的领域没有国家标准，那么监管机构可以鼓励国家标准机构为该特殊领域制定标准，各部门在发布技术法规时将会参考该标准（Gujadhur et al，2010）。这意味着自愿性标准的一部分或标准本身可能成为一项技术法规。

从以下实例中基本可以看出标准和技术法规之间的差异，瓶子和瓶盖分别有对应的标准，矿泉水瓶装商可以从不同的供应商购买瓶子和瓶盖，并确保购买的瓶子和瓶盖匹配。另一方面，为了保护消费者，国家卫生健康委员会（以下简称"卫计委"）需确保出售的矿泉水未受任何污染；卫计委将予以规定瓶子和瓶盖制造可用的材料，以及矿泉水可以含有的元素及其浓度，这即成为一项技术法规。

3. 额外的买方标准（自愿性）

由于存在一些特殊的客户或专业市场，因此必须符合额外的买方标准。这些标准与国家标准或技术法规有着不同之处，但也或许是国家标准或技术法规的附加标准。比如，木桌买方可能需要给定的成品类型；家具买方可能需要指定室内装潢品的颜色；罐头食品买方需购买特殊的番茄酱等。买方通过这些标准可以得知特殊专业市场中客户的需求。

各公司还可设定自身的需求。汽车公司向供应商购买汽车零件，有可能会指定材料的类型、抗腐蚀性、强度等。许多零售商也需用到额外的食品标准，比如适用于农业生产的良好农业规范，包括水果蔬菜、生菜色拉、鲜切品等。某些群体需用到的额外标准还有经济环境标准、良好行为规范、社会责任规范等标准。

三、检验检测

合格评定（Conformity Assessment）检验生产过程或产品是否满足正式文件或标准中规定的技术要求，建立在系统的检验检测的基础上。法律规定必须实施进出口商品检验，对确定列入目录的进出口商品作强制性指定的合格评定活动。程序主要有评估、验证和合格保证；抽样、检验和检查；组合各项认可、注册与批准事务等①。

合格评定程序将检查产品、材料、服务、体系或人员是否符合相关标准或技术法规的规定，而通过评价，认证程序将证实与书面标准所规定要求的一致性。使用全球范围内执行的标准和评价程序，可以获得国际承认与公允。同时与检测和校准实验室相似，认证机构执行的第三方能力评价以及认可机构的定期监督将确认可靠性并促进国际承认与认同。

检验检测是最常见的合格评定形式，是以相关标准或者技术规范为依据，依托仪器设备、环境设施等技术条件和专业技能，予以评定产品或者法律法规规定的特定对象。检测还通常包括如测量和校准的其他活动；还可以为其他活动提供基础，比如检验检测是产品认证所用的主要技术。检验（Test）是检查判断试验对象品质的

---

① 中国合格评定国家认可委员会. 2015 年世界认可日［EB/OL］. 中国合格评定国家认可委员会，2015 – 06 – 09.

优良程度或每项特性合格与否的一种活动，为确定某一物质的性质、特征、组成等进行观察、测量、试验，并将结果与规定的要求和标准进行比较。检测（Inspection）适用于各种行业范畴的质量评定，应用规定的方法检验测试某种物体（气体、液体或固体）内在的技术性能指标（赵淼，2014），如图 3-4 所示。

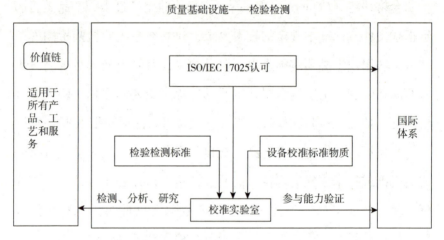

图 3-4　质量基础设施体系——检验检测

（根据 Sanetra，C. & Marbán，R. M. 2007. *The answer to the global quality chal-lenge：A national quality infrastructure*. 翻译整理，由作者绘制）

国家根据需要可由公共部门或私营部门建立检测实验室。无论该实验室是政府机构还是非政府机构，都必须获得客户要求能力标准的认可，不得有任何优先权或例外。因此，充分利用现有的专业实验室，并且只建造那些尚未满足要求的实验室，是一项十分有益的举措。这些实验室既可以是私立性质，也可由政府机构运营，但重要的是要获得适当的认可，从而能有效、可靠地用于各种用途。检测还是确定确保满足技术法规的一种手段。只要符合监管机构的技术法规规定的条件，检测报告就可用于各种自愿或强制性目的。为了避免出现重复检测，监管机构可使用一家专门实验室，无论是公共还是私营实验室，只要这家实验室获得了国际公认机构的认可即可。

四、认证认可

认证认可（Certification and Accreditation）是权威机构对有能力执行相应任务的个人或机构给予官方认定的一种程序。因此，认证认可属于正式承认，以国际标准为基础，并大多由第三方执行，以证明某个机构有能力执行某些任务。认证认可是人们信赖检验检测和校准实验室、检查和认证机构工作的一种手段①。认证认可有固定的时间周期，也包括一些监测措施。

1. 认证

许多国家的大多认证机构，都隶属于政府部门或机构，中国的常见认证有强制性产品认证（China Compulsory Certification，简称CCC），以 ISO9001 系列标准为依据开展的质量管理体系认证、以ISO14001 系列标准为依据开展的环境管理体系认证、以 GB/T28001系列标准为依据开展的职业健康安全管理体系认证，服从保证食品安全管理的有机产品、绿色产品、无公害产品、饲料产品等自愿性产品认证，还有 HACCP 认证、GMP 认证等。

（1）管理体系认证

管理体系表明企业已执行了组织程序和行政、管理程序文件。

---

① 图说"2015 年认证认可工作会议图"［EB/OL］. 国家认监委，2015 - 02 - 06.

管理体系不会自动催生优质且具有竞争性的产品或服务，但是由于管理体系能明确界定企业的内部结构，并且该内部结构不受雇员个性的影响，所以它能避免出现许多可能的错误。所有过程文件记录有助于检测和追踪错误，便于采取纠正措施。全球公认能被官方机构认证的一些管理体系有：以 ISO 9000 系列标准为依据的质量管理体系；以 ISO 14000 系列标准为依据的环境管理体系；以 OHSAS 18000 系列标准为依据的职业健康安全管理体系；卫生体系 HACCP、良好生产规范、GMP 等。

（2）产品认证

产品认证（如图 3 - 5）是用来证明某产品的生产过程、内容、特性等符合书面标准的各项要求。这类认证重视产品的安全方面、医疗卫生或食品安全，并发挥着重要作用。常见的关于一般安全方面且具有国际关联的产品认证示例有欧盟符合性标志（CE）、电气设备质量标志（VDE）、安全认证（GS）等。

显然，产品认证者极大地依赖于一个可靠的计量（M）、标准化（S）和检测（T）机构，如果来自分包的实验室的检测结果不可信，那就没有可靠的产品认证基础。总之，协调相互间利益关系的认证程序能为国际贸易带来影响深远的效果。国家之间或区域之间，关于共同要求的接受度、评审方法、检查或检测结果等事宜所达成的协议，有助于削减或去除所谓的技术性贸易壁垒。

2. 认可

认可是权威官方向有资格执行专业任务的个人或团体给予正式准许的一道程序。认可的程度比认证往往更高一层，尽管两者有些

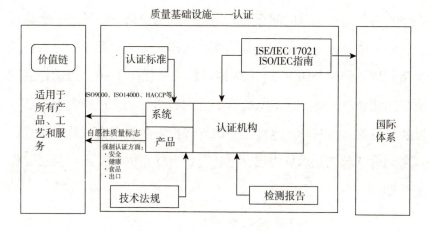

图 3 - 5　质量基础设施体系——认证

（根据 Sanetra，C. & Marbán，R. M. 2007. *The answer to the global quality challenge：A national quality infrastructure.* 翻译整理，由作者绘制）

程序相似。认可机构必须绝对独立和公平，并且必须是一个优秀的组织、行政和管理团体，由为数不多的人员进行运作。所有专业技术根据实际需要进行转包。在认可机构中，如果针对所有可能的认可领域都雇佣专家作为固定工作人员，那么成本也势必非常昂贵，且使用效率也不高。因此，一个结构精益的认可机构需包含大部分的国家认可需求，一旦该机构取得国际公认，也就能轻易地把认可活动扩展到新的领域。

从长远来看，缺少认可过程，随之就缺少对技术能力和产品可信度的证据，对所有利益相关者而言将造成更昂贵的后果。与贸易问题息息相关的便是对检测和校准实验室进行的认可，这些实验室的认可证书或检测报告需要得到全球公认。尤其是在农业和食品加工部门，对产品证书的相互承认重要程度可见一斑。

认可机构的客户是各家实验室和认证机构，他们中的大部分不能单独与其遍布全球的同行达成相互承认的协议。仅通过一次认可就获得并维持世界范围内的承认度，这样的方式更简单、容易且成本更低廉。采用 ISO/IEC 17025 国际标准（如图3-6）帮助许多国家使用相对统一的方式对实验室的能力做出评定，可作为检测和校准实验室的认可基础。这种统一的方式使许多具有类似认可体系的国家间建立起相互承认协议，把各自认可体系的相互评审与接受作为基础。

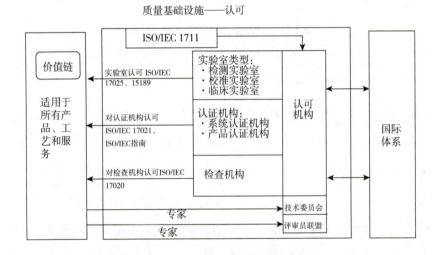

图3-6　质量基础设施体系——认证

（根据 Sanetra，C. & Marbán，R. M. 2007. *The answer to the global quality challenge*：*A national quality infrastructure.* 翻译整理，由作者绘制）

第二节　各组成要素之间的相互关系

国家质量基础主要包括的计量、标准化、检验检测、认证认可等要素，从社会各方的关注点如安全、健康与环境入手，阐释了为解决这些关注点四大要素能发挥作用的机理，以及之间协调一致的关系（Guerra et al, 2015）。质量基础设施的组成要素无疑密切相关、紧紧相连。如制定使用尺寸和公差标准时，必须参考可靠的测量；反过来，测量必须国际标准化，避免花费大量成本进行相同的测量。为了确定产品是否符合标准或技术法规所规定的要求，必须将产品送交检测；而若要达到国际兼容性，检测程序必须标准化，还须依赖于可靠的测量。按照国家标准进行的认可程序，使整个流程可靠且值得信赖，不仅促进国际贸易，又增强竞争性。

四者之间密切存在的内在逻辑关系，构成以质量提升为目标的技术支撑体系。以质量的视角观之，计量的基准溯源性、标准化的规范性、检验检测的合一性、认证认可的公允性等要素特征相辅相成，构筑完整的质量基础设施体系，共同为提升产业核心竞争力提供技术支撑，确保产品、环境、工程与服务质量。

整理学者们较新的研究成果及文献，国家质量基础各基础要素之间的联系紧密，相互作用、相辅相成，标准化给合格评定以依据，同时体现计量的重要价值；计量构筑标准化与合格评定的基准溯源；合格评定则属于重要的手段工具，带动标准得以实施与计量溯源水平进步（紫叶，2014）。如图3-7，三大支柱共同促进产生完整系统的技术链条。综合予以理解，计量解决准确测量的问题，标准则统一规制质量中的量值要求，同时透过检验检测与认证认可评判标准与基准的响应情况。对质量发展的支撑而言，标准化引领质量的进步与提升，计量形成质量控制的基石与根据，合格评定则塑造质量品牌、建立质量信任。三者理应协同相融共同发展。

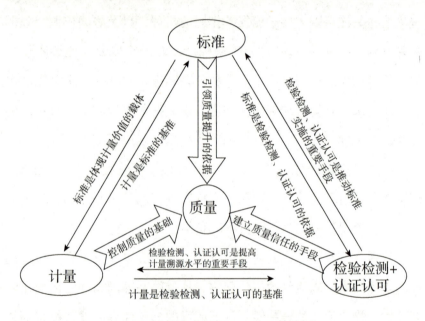

图3-7　国家质量基础三大构成互动关系

（根据文献整理，由作者绘制）

国家质量基础各基础组成要素之间的相互作用仅仅是关系的一部分，初步构建的这相辅相成、互为支撑的"三角"模型，描述了各要素之间相互作用的机理，但既然集中统筹在质量基础设施的技术体系内，必然存有在深入剖析三者特征的基础上提炼出来的统一性，形成以质量发展与进步为核心的互相作用机理与全面关系图谱（Wipplinger et al, 2006）。因此，还需进一步拓展与深化质量基础设施内在各基础体系要素之间关系与系统运作的相关研究，构建更为科学合理的运作系统与发展机制，最终促进质量基础设施的系统发展。

第三节　各技术组成要素的系统整合

质量基础设施更注重各组成要素的整体性与系统性，不单单是把各个部分汇集到一起，而是演化成更综合的系统概念。国家质量基础设施可用于所有产品和服务，确保这些产品和服务符合客户、消费者、制造商或管理机构的各项要求。

消费者希望购买到得到某种认证的产品，他会知道产品符合一些规定的标准，但这需要制造商拥有质量管理体系以及使产品符合规定标准的合格评定体系，且通过认证过程给予保证。为了确保产品证书与区域或国际条件一致并得到承认，认证过程也必须遵循现有各项标准，反过来说，这需要一个功能标准化的要件。另一方面，为了使产品拥有证书支持，必须对产品进行检验检测，以确定它是否有效地符合适当的标准。这就需要检测实验室按照公认的国际标准对产品进行检测和分析。检测实验室必须能表明它们的各项测量是稳定可靠的，即可溯源至国家测量标准，进而溯源至国际测量标准。此外，如果希望检验检测结果准确可信，还必须对设备进行适当的校准，而国家计量机构和各校准实验室能为生产商提供支持（Simionescu et al, 2006）。于是，质量基础设施各组成要素的系统整合可如下图 3 – 8 所示：

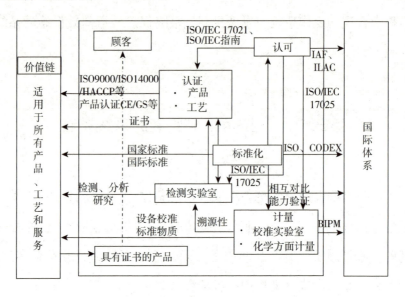

图 3 – 8 国家质量基础设施各组成要素整合

（根据 Sanetra, C. & Marbán, R. M. 2007. *The answer to the global quality challenge*：*A national quality infrastructure*. 翻译整理，由作者绘制）

以生鲜食品的产品生产链为应用实例，我们可以细致观察到国家质量体系应用到这样的生产链中的实际过程。我们将跟踪生鲜食品"从农场到餐桌"的体系，了解它从生产到消费者购买的大致过程。

从原材料到获得认证的产品，这个生产链中的所有相关参与者都必须遵守某些强制要求或客户的附加要求，便于产品进入特定市场。农场的生产控制中，可能会有多个部门涉及其中。农场要遵循的技术法规可能也包含多个方面，如法律规定每件产品上所贴标签就往往需包含以下信息：商品的正确说明、净含量、配料清单、包装或加工日期、保存方法等。在原材料的运输过程中也须遵守购方的各项要求：产品标准、卫生与操作要求等。此外，购方还可能要求农场遵守各种农业认证标准，如由安全和可持续农业的全球伙伴组织制定的标准，该组织是一个关注食品制造过程中工人健康、安全和福利，以及环境和动物福利问题的实体。可能涉及多个方面，如食品生产者、饲料制造商和监管链的各方面控制点和遵从的准则（如图 3-9 所示）。

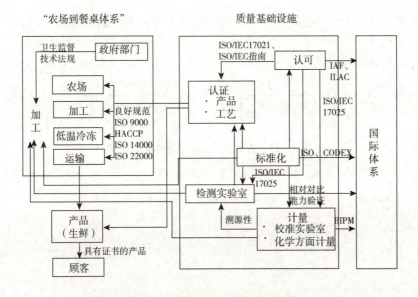

图 3-9 质量体系的现实应用实例

（根据 Sanetra, C. & Marbán, R. M. 2007. *The answer to the global quality challenge：A national quality infrastructure.* 翻译整理，由作者绘制）

农场生鲜食品的应用实例，展示了质量基础设施各方面发挥的重要作用。从原材料到成品（农场到餐桌）的每一步，由所有利益相关者如生产者、主管部门、标准机构、国家计量机构、检测实验室、认证认可机构组成一个工作组，核实确保农副产品国家质量体系的相关服务可用可靠甚至得到国际公认（如图3-10所示）。

农副产品国家质量体系

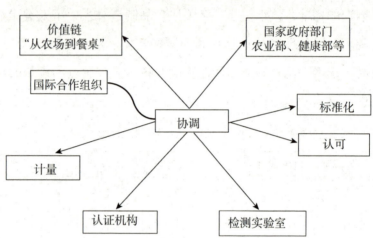

图3-10　农副产品国家质量体系的协调

（根据 Sanetra，C. & Marbán，R. M. 2007. *The answer to the global quality challenge：A national quality infrastructure.* 翻译整理，由作者绘制）

第四章

NQI 的理论拓展研究

本章分析 NQI 与产业以及 NQI 与创新的关系。在产业部分，着重讨论 NQI 对产业升级和企业经营活动的作用。在创新部分，着重讨论各组成要素对创新的影响效应，以及 NQI 对整体创新发展的带动效应。

第一节　NQI 与产业的关系

一、NQI 与产业升级

计量与质量密切相依，现代产品生产质量的基础和体现就融于计量检测的能力和水平。计量也被形象地称为工业的"眼睛""神经"和产业的"限高尺"。计量技术与管理贯穿由原材料进厂向产品或工艺出厂的全过程，产品生产过程中每个环节质量控制水平的提升，都依赖于稳定的计量检测与管理。在全球经济一体化条件下催生的跨国生产和专业化生产中，使用计量标准不仅保证了同类产品规格和性能的一致性、互换性和兼容性，还为客观公正评价同类产品的质量提供了等效一致的测量参考尺度。计量也是新技术产品从试验品到商业化的桥梁和纽带。

标准是科学、技术和实践经验的总结，标准引领质量提升。标准的先进性为质量改进提供路线图，从而提高产品与服务的附加值，优化产业结构。也能够带动从基础元器件、基础材料到关键工艺、重大装备乃至整个最终产品产业链的质量提升。标准化是促进工业企业减少经济核算成本的基本保证，也是集约化生产得以实现的技术基础。标准化体系的坚持一贯性、可溯源性和准确度，直接影响自主创新的技术水平和产品质量。推动技术改造的企业变革缘由也依赖于标准化水平的提升。因此增强中小企业的自主创新能力，达成产业转型优化，必须升级标准化的技术水平与加快推进标准化质量基础平台的建设步伐，占据国际国内领先标准与标准化技术保障能力的战略制高点。

第三方检验检测和认证能够减少质量信息不对称，促使企业改进产品质量和管理，进而有效改善质量供给与促进消费升级。未来对经济增长的贡献也将十分显著。检测认证服务围绕制造转型升级的需求，主动与产业发展对接，与高端制造业的需求对接，做好技术服务和保障工作。服务于产业的需求，制造业"走出去"战略的执行要求基于计量、标准化、检测认证提供的综合性系统技术服务解决方案。检测认证服务业提供有力技术支撑的同时鼓励大胆创新，为中国制造打造国际市场准入服务平台和面向国际国内市场的本地化测试平台。不断加大国际合作力度，与国际权威机构建立互认资质，尽可能构建"一个标准、一次检测、全球通行"的检测认证体系，助推制造企业成功进入全球市场。

而其实无论是传统产业升级还是战略性新兴产业及生产性服务业发展，对国家质量基础都有需求。在传统产业方面，以钢铁制造业标准需求为例，当前我国的标准与国际差距大，急需修订老化标准、制定高端新材料标准。生产性服务业方面，围绕电子商务行业B2B 和 B2C 全程交易过程中的安全性规范以及交易前、交易中和交易后各环节实施响应；在物流与高技术服务业，主要面向生产、仓储、运输、配送等重要物流环节，针对业务流程、信息系统、运营服务的共性技术问题进行业务标准分类、服务质量评价等引入。总之，作为质量发展的重要基础手段和新型服务业态，质量基础能为产业提质增效升级提供有力的支撑作用。

二、NQI 与企业经营

企业的竞争力与国家的竞争力相辅相成，国家为企业竞争力的增强创造环境和条件，而国家的竞争力又是由优势企业、行业和产业集群所组成。因此不能忽视质量基础对企业经营活动的作用，其主要影响表现为：

1. 使企业逐渐成为行业规则的制定者

"进入威胁"形成企业的五种竞争力之一，其影响大小取决于已有的进入壁垒结合潜在进入者可能遇到的现有竞争者的反击。而构成重要的进入壁垒之一的，就可以是囊括计量、标准化、检验检测与认证认可的质量基础体系。计量划归了产品的溯源基准与条件，标准化规定了产品的生产条件和技术指标，检验检测与认证认可确保了产品的质量达标与市场畅通，先发企业努力推动将本企业的优势技术与质量基础相融合，特别是由于专利技术的加入形成处于技术领先地位的企业或集团的"事实标准"，这往往无形中构成行业面对后发企业作为跟随者的准入门槛，质量基础体系于是也就成为企业获取先发竞争优势的重要缘由。

随着信息时代的到来与变革，谁占据领先的标准及标准体系建设，谁就掌握了行业规则制定与形成的主动权，而这往往就来自最具竞争优势与质量基础敏感度的企业。以标准化建设为例，如美国高通公司在无线通信技术码分多址（CDMA）的先进技术领域获得专利技术创新优势后，随即促进将自身专有技术融入行业标准，再发展进行标准及体系的维护与输出，以收取专利费与相关标准咨询实现企业利益最大化，从而也将低端制造环节全部转移了出去。以此推知，随着产业外部环境发生的巨大变化与产业边界的日益模糊，形成了企业着眼于未来产业及其发展战略的机遇与挑战，对构建良性的质量基础也更有意义。

2. 能够引致企业经营成本大幅降低

通过质量基础管理的系统实践，可以加强企业内外部的沟通协作，打造更为扩张与顺畅的对内对外接口。同时可以促进实现企业的规模生产以降低成本，从而直接降低企业的多方面成本，提升企业的产品与服务竞争力。

企业经营与生产过程中要提高产品质量，减少消耗降低成本，依赖于计量测试手段的准确与齐全。计量为质量管理提供统一一致与准确可靠的数据，逐步实现社会化、机械化、自动化与专业化地控制原辅材料、半成品和最终产品质量，从而服务于高效的经济核算。标准化通过简化品种也可以降低供应商所面临的风险，一定程度上也可以降低交易中的信息成本。一方面，消费者可以随产品进入市场，透过标准了解产品质量信息，而无须做大规模的市场调查，信息搜寻成本得到节约；另一方面，标准制定的过程中需要各方做一些评估、论证等工作，申报和披露与知识产权和技术相关的信息，信息交换的成本也由此得以减少。企业谈判与签约过程中需要进行大量的协调，检验检测与认证认可则相应可以降低企业的谈判签约成本与监督执行成本。检验检测对产品服务的相关性做出的明确而具体的规定，可以使谈判的次数和时间大大减少，谈判和签约成本由此降低；而认证认可意味着企业自我声明该产品符合一定的质量特性，表明企业在产品服务上采用了相关标准，这就成为供需双方交货、验收的一种有效的质量承诺与技术依据，交货时的检测成本从而减少。

3. 能够促进企业增值活动

国家质量基础能够从多个环节和多个层面对企业价值链的一系列价值增值经济活动起到促进作用（如图 4-1 所示）。

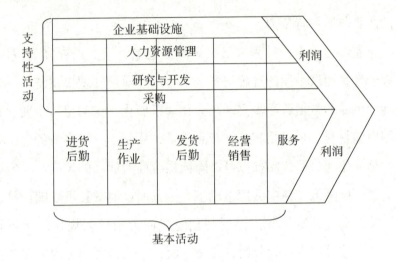

图 4 - 1　价值链内涵图

（根据文献整理，由作者绘制）

价值活动主要可分为基本增值活动（基本活动）和辅助性增值活动（支持性活动）两大类。基本活动大多直接涉及或参与产品服务实体的生产加工与流转，联系着企业产品或服务的物质创造及转移买方、市场销售及售后服务的各项活动，一般称之为"生产经营环节"。支持性活动是基本辅助活动，囊括技术开发、人事管理、采购支持与组织构架等，并通过各种公司范围内的基本职能活动如技术、人力资源、采购投入等提供资源与投入支持。

计量是产品质量和质量优势的基本保证，没有科学、准确的测量，质量就得不到保证。计量工作是促进管理现代化和技术进步的重要条件，是企业经营管理和生产的重要技术基础，是保证产品质量、提高企业素质的"先行者"。由计量检测手段提供的数据信息，是管理、协调、组织与控制生产的联结系统，也是工业生产信息流的主要组成部分。通过企业积极采用先进严格的标准，坚持不深层加工不合标准的半成品，不投产不合标准的原料，不出厂不合标准的产品，保证产品质量的稳定性也便得益于质量标准。科学完善的计量检测手段也将作用于产品质量最终的科学评价，使企业生产出更多的名牌产品和优质产品。

标准化是确保产品质量、使企业走质量效益型道路的有力保障。企业标准化体系可以涉及企业管理制度的方方面面，其中包括职业素质标准、岗位职责标准、岗位考评标准、企业全面形象管理、组织管理、行政后勤保障管理、人力资源管理、生产管理、技术研发管理、设备管理、质量管理、财务管理、物控管理、营销管理、经济合同管理、管理判例等方面，是企业管理运行较为完备的制度体系，为企业步入良性的发展轨道奠定了坚实的基础。

检验检测认证认可同样可服务于生产制造企业价值链的多个环节。检验检测认证产业可以通过技术优势介入企业产品研发和技术创新，同时在生产制造、市场营销等环节发挥着传递信任的作用；在采购管理、技术管理、组织与系统设计等环节同样介入生产制造企业的价值链。从全球价值链上来看，检验检测认证服务于从低端的加工制造到高端的研发设计、品牌营销等每个环节，而对于处于价值链中低端的国家，需要借助检验检测认证在研究开发、质量保证、营销背书等方面的作用和优势，提升自己的研发能力、营销和品牌运作能力，帮助制造企业由 OEM 向 ODM 和 OBM 转型升级，从全球价值链低端逐步跃进高端环节。

综上，质量基础对企业具有重要的战略性作用，对企业竞争力的提升和长远发展具有不可忽视的重要意义。这些作用能在超乎微观作用之上的企业系统整体上体现出来，也由其在企业价值链中的具体影响所反映。

第二节 NQI 与创新的关系

一、NQI 各组成要素对创新的影响效应

1. 计量对创新的支撑与保障作用

计量被喻为工业生产的"眼睛"，超过 80% 的贸易必须经过计量才能实现，工业化国家的测量活动对其国民生产总值的贡献达 4% 至 6%。计量连同标准化、认证认可、检验检测，也已成为世界公认的国家质量基础，其在经济社会发展中的地位和作用日益凸显。伴随着计量科技的发展进步，我国计量服务保障能力和参与国际事务能力也在不断增强。在航天工程、三峡工程、卫星导航、西气东输、南水北调等重大工程中，在食品安全、医疗卫生、抗震救灾等突发事件中，在医学、生物安全、新材料等前沿科技中，在环境保护、能源节约、节能减排等现实问题中，以及在与人们生活息息相关的民生领域，计量都提供了十分重要的技术支撑和服务保障。

而在全球经济一体化条件下催生的跨国生产和专业化生产中，使用计量标准不仅保证了同类产品规格和性能的一致性、互换性和

兼容性，还为客观公正评价同类产品的质量提供了等效一致的测量参考尺度。计量也是新技术产品从试验品到商业化的桥梁和纽带。

计量的统一性，为质量管理提供准确可靠和一致的数据。现代工业生产要求专业化、社会化、机械化、自动化，首先就要进行准确一致的计量；企业要降低成本，减少消耗，要提高产品质量，也要保证生产和经营中的计量测试手段齐全、准确，从而才能有效地进行经济核算，并能控制原辅材料、半成品和产品质量。

在企业的生产经营活动中，计量检测对其中每个环节都有一定涉及，为企业的生产活动提供了相应的数据信息。产品的质量能够以数据的形式进行反应，其中最关键的一点就是计量检测，如果计量无法为企业提供有效的数据支持，企业的产品质量也就没有技术作为足够的保障。研发的新技术产品也必须通过使用合适的计量标准和测量才能保证最终产品的质量，降低企业成本，实现产品的互换性和兼容性，保证从全球各地采购的原材料、技术工艺的一致性，从而提高企业效率和竞争力。计量标准在竞争中应保持中立。

计量作为质量基础设施的元素，为基础设施的任何其他元素的测量过程提供了信心。完善的计量基础由国家计量院（National Institute of Metrology，NIM）保证，业将与质量基础设施的其他部门协同工作、统筹配合。公开支持的测量系统又鼓励破坏这种稳定和熟悉品种的创新，因此它虽然属于衡量竞争创新预算的一部分，但又必须被看作是一个创新的补充活动。没有必要的测量技术，在创新上没有成功。

一个成功的创新，直接影响在质量基础设施的计量元素的一个实例是全球定位系统（GPS）。今天，全球定位系统已经扩散到不同的领域，在世界各地的企业和消费者都，都开发着作为多功能探索工具的先进作用。在我们的日常生活中，可能会被视为一种根本性的创新，因为它是通过一种巨大的努力实现一种"范式转变"。而更应该强调的是，这些努力的很大一部分在科学计量学领域的进展密切相关。GPS 的存在仅仅是因为有一个巨大的精密时间测量的可能性，通过对一部分不确定性测量的不断努力，结合世界各地研究小组的测量结果，最终实现科学计量领域在这一战略创新上的成功。

在发达国家，质量基础体系内的计量已发展了一段较长的时间。如在德国国家计量研究所成立于 1887 年，1917 年成立国家标准化机构，从一开始，工业化的时代创新发展一直是德国和其他发达国家质量基础前进的动力。相比之下，发展中国家的计量和标准化机构的建设是处于起步和不完整的，建设国际公认的质量基础系统往往有旧的和支撑不足的设施（如计量和测试实验室），缺乏合格的工作人员并不具备足够的能力（如认证和合格评定），以满足国家现代化快速增长的现实需求。因此要推进产业发展的转型升级，提高企业的技术创新能力，离不开计量等质量基础在国际贸易中发挥的"规则"作用。

2. 标准化与创新的双向推动效应

众所周知，自主创新对于企业的发展具有决定性的意义，一个没有创新活力的企业，也是没有前途的企业。它永远只能处于产业价值链的低端，而很难成为行业的领头者。而标准化恰恰是自主创新的重要手段。一方面标准化可以提高技术研发的效率和成功率，使企业更快更好地形成创新成果，另一方面自主创新的成果也能通过标准化固化下来，并以标准的形式成为行业准入的门槛，标准中蕴含的自主知识产权还是企业实现利益最大化的有力武器，因此，标准化已成为企业自主创新战略的重要组成部分，进而也是企业发展战略的组成部分。标准化是促进工业企业减少经济核算成本的基本保证，也是集约化生产得以实现的技术基础。标准化体系的坚持一贯性、可溯源性和准确度，直接影响自主创新的技术水平和产品质量。推动技术改造的企业变革缘由也依赖于标准化水平的提升。

标准化是企业开展质量管理创新和技术创新的有效依据。在现代企业管理中，创新已经成为企业的灵魂，企业没有了创新，也就没有了生计，没有了经济效益，只有面临着亏损，倒闭和破产。企业要不断地引进新的质量管理模式、新的生产技术，并且要自身不断地进行创新，为企业创造更多的经济效益。这些管理创新和技术创新都离不开标准化，脱离了标准化的创新是不成熟、不健全的创新，它的生命力是短暂的，因为任何一项科研成果，不论是新产品还是新工艺，从研制到鉴定都有标准在把关、衡量，只有符合标准才能在生产领域得到推广和应有。由此可见，标准化是创新成果向生产阶段过度的不可缺少的环节，是引入生产的桥梁和纽带，是将科研成果转化为生产力的主要途径。

在企业技术研发过程中，标准化同样发挥着重要作用。一是可以促进企业内部和外部部门的协调沟通，降低沟通成本，提高沟通效率，保证各流程运行顺畅；二是通过模块化、统一化、简化等标准化的方法，可以有效降低技术研发的成本，提高技术研发的成功率；三是在研发的一定阶段，通过确定产品标准，可以总结和固化研发成果，少走弯路；四是可以应用标准对技术研发的成果进行评审，从而提出改进建议；最后也是最为重要的，是将研发成果及时转化为"事实标准"（如图 4 - 2 所示），有利于抢占产业的制高点，形成行业进入门槛，使其他企业成为自己的跟随者。

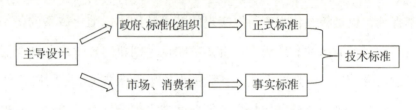

图 4 - 2　主导设计转化为技术标准过程

（根据姜红等对《技术标准化对产业创新的作用机理研究》的整理，由作者绘制）

如上图 4 - 2 所示，主导设计是技术标准形成的基础。主导设计的确立，标志着技术标准化的开始。一项新技术或一种新产品在标准化之前，首先应该通过市场检验，成为主导设计。而由于体现的技术特征不同，主导设计转化为技术标准的过程并不相同。以传统产业技术为支撑的主导设计一般由政府或标准化组织通过法规政策形成正式标准；以高技术为支撑的主导设计则由市场、消费者选择通过网络效应形成事实标准。

3. 技术标准与技术创新的双向推动

技术创新是技术标准形成的基础，是技术标准化活动的起点，技术标准形成与技术创新具有相同的动力机制。在企业技术创新及技术标准化过程中，利益驱动起着核心作用，企业进行一系列技术、经济活动的目的是追求利益最大化。只有社会上存在对企业技术创新和技术标准的需求，这种需求还能给企业带来效益，企业才有技术创新和技术标准化活动的动力。市场需求为企业提供了市场机会和创新思路，引导企业开展技术创新活动，形成对企业技术创新和技术标准化活动的拉动和激励。市场需求吸引多个企业加入市场中来，导致市场结构变化，形成市场竞争；市场竞争又会推动市场需求演化，迫使竞争企业不断创造新的市场需求，促使市场需求不断更新和发展。市场需求是技术创新和技术标准化活动的出发点，也是企业技术和经济活动的最终目标。新旧需求的更替和需求规模的增长拉动会持续影响着创新，创新在满足需求的同时又诱发新的需求，进而拉动新一轮创新，从而使市场需求与技术创新形成良性循环，市场需求成为技术创新和技术标准化活动的持续动力。

技术创新活动是企业对科学技术成果发明、发展和商业化的过程，它依赖于现有的科学技术水平。技术创新及技术标准化活动离不开科学技术，企业自身的技术能力和外部的科技水平是企业技术创新活动的基础动力。当科技水平达到一定程度时会主动创造需求，推动企业利用技术创新成果进行创新活动。科学技术的发展不仅能创造需求，还能帮助企业取得竞争优势，使企业在激烈的市场竞争中脱颖而出，缓解自身竞争压力。

技术标准化推动了企业分工创新，现代技术标准化已经发展成为一项大型的，拥有众多复杂技术的系统工程，需要各种系统部件的供应商和用户的合作。解决这样局面的办法就是企业将独立创新过程分解成为多个企业局部创新。技术标准化通常也会伴随着 R&D

协作的形成而发展，特别是对高技术产业，研发合作与技术标准化程度的融合度是技术发展的重要内容。只有这些相关联的内容通过协作的模式交织在一起，才能够更好地推动技术创新与产品竞争力的发展。而技术标准化最终是要实现标准的产业化，而产业化就需要技术标准化的扩散。技术标准化的确立，意味着高技术产业化的开始。在技术标准的作用下，创新集群的形成使得高技术产业快速成长。技术标准化的确立能够增强消费者的信心，还可以有效缩短R&D 的周期时间，也通常被当作"技术性贸易壁垒"。通过技术标准化的扩散能够使企业获得丰厚的经济效益，能促进产业集群，最终调整产业结构，使之优化，乃至促进新兴产业的诞生与进一步的发展。

同时必须看到，技术标准与技术创新之间紧密联动的双向推动效应。一方面，技术创新的速度决定了技术标准化更新的频率；技术的网络化发展也改变了技术标准化形成的动因，使技术标准化更多出于商业动机的网络外部性，使得市场逐渐形成"赢者通吃"的市场结构。另一方面，先进的技术成为标准对技术创新产生推动作用。技术标准化在技术创新过程中的作用是将由不同企业进行的不同技术创新同步化，形成系统性的技术创新，提供所有的系统基础；同时次优技术成为标准对技术创新产生阻碍作用。由于市场行为自发形成的技术标准对于市场的影响巨大，如果与技术标准相符的技术不是最先进的技术，就会阻碍新技术的应用（如表 4 - 1所示）。

表 4 – 1　不同类型标准与对创新的影响

	对创新积极效应	对创新消极效应
兼容性/互用性标准	• 网络外部性 • 避免旧技术锁定 • 增加系统产品的多样性 • 供应链的效率	• 垄断力量 • 强网络外部性的条件下旧技术锁定
最低质量/安全标准	• 避免逆向选择 • 创造信任 • 减少交易成本	• 提高竞争对手成本
减少多样性标准	• 规模经济 • 新技术或行业产生形成的临界点/量	• 减少选择 • 市场集中 • 技术的过早选择
信息标准	• 提供编码性的知识	

（根据 Okiror，J. 2007. The impact of standardization on product innovation，market access and foreign trade；with specific reference to South Africa，Blind，K. 2013. The impact of standardization and standards on innovation. 翻译，由作者整理）

技术标准及体系的形成是产业创新过程中的关键事件，标志着产业技术创新从流动阶段进入明确化阶段，为产业内企业技术研发活动树立了明确目标和行为参照系，极大地促进了产业技术的扩散与协同共享。技术标准在产业中的扩散与协同共享，大大降低了产业中企业技术差异化程度，对提升产业整体创新能力极为有利。同时技术标准扩散与协同共享不仅需要技术平台的支持，还需要制度上的保障。消除行业分割、地域分离、文化差异和政策歧视等体制性障碍对促进技术标准的扩散与协同共享具有积极作用。构建产业协同共享技术平台和消除体制性障碍促进了技术标准的扩散与协同共享，从而为产业协同提供基础条件。

技术标准在高技术产业中的确立及扩散，意味着高技术产业化的开始，促进了高技术产业与传统产业的协同创新。高技术产业技术标准在渗透到传统产业中，使传统产业技术水平、产品结构和产业结构发生质的变化，促进传统产业结构向知识密集型产业转变。传统产业采用新标准的产品和技术后，显著提高了资源利用率，优化了资源配置，创造出更大经济效益。具有新技术标准的高技术产品在传统产业中的扩散、使用和融合，还带动了一批新材料、新能源等产业的形成。产业纵向和横向关联，以及高技术产业与传统产业的协同创新，推动了产业结构的优化、升级以及促进了新兴产业的形成。

技术标准化活动的主体，企业（企业联盟）受市场需求拉动与科学技术水平推动双重因素的影响而进行技术创新活动。当市场上出现多项创新性技术和产品时，消费者根据新技术和新产品的先进性和兼容性进行市场选择，促使主导设计形成。由于体现技术特征不同，主导设计通过政府、标准化组织和市场、消费者两条路径转化为正式标准或事实标准。在技术标准化过程中，企业（企业联盟）、消费者、政府以及标准化组织等社会参与实体分别起着不同的重要作用。技术标准及体系的形成极大地促进了技术标准扩散及协同共享，为产业协同提供了基础条件。产业协同通过产业纵向或横向关联，以及高技术产业与传统产业的协同创新，推动了产业结构的优化、升级，促进了新兴产业形成。产业创新诱发了新的市场需求，提高了科学技术水平，并由此展开了新一轮的循环作用过程

（如图 4 - 3）。

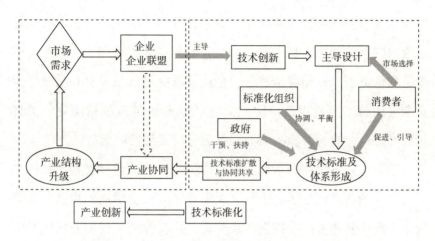

图 4 - 3 技术标准与产业创新之间的作用机理探讨

（根据姜红等. 技术标准化对产业创新的作用机理研究. 2010. 整理，由作者绘制）

然而，技术标准的作用具有时滞性，随着时间的推移，技术标准化对经济各方面的作用才会显现出来的。一个技术标准形成通常的周期都是 1~3 年，因此在对技术标准的建立、实现甚至是扩散过程中，不但要重视技术本身的问题，还需要更多地考虑如何能够使技术标准快速进入市场发挥其应有的作用。

随着经济全球化的发展，技术专利化、专利标准化、标准国际化的特点越来越明显。标准能使企业走向市场的制高点，标准可以帮助企业打开贸易技术堡垒大门，标准能够促进科学的质量管理。标准不仅是过去经验的总结，更是未来方向的指示器，质量管理要实现科学高效的目标，基础就是标准。

4. 检验检测认证认可与创新过程的互动融合

现有产品的生命周期越来越短暂，更新换代越来越快，产品种类越来越多，只有经过检验检测合格后的产品才能进入市场，检验检测认证服务的需求应运而生；而且，贸易全球化让大企业在全球范围内的利益相关者越来越多，供应链非本地化增加了出口产品的检验和认证需求；随着消费者、企业及政府对产品安全和质量以及安全生产越来越重视，检验检测认证服务也越来越精细化、多样化、专业化，故检验检测认证服务随经济贸易发展而扩展。

鉴于信息不对称的考虑，检验检测认证活动通过完善市场信息机制来推动商品贸易顺利进行。而随着经济社会活动的规模化和复杂化，现代制造业产业链进一步分化，检验检测认证服务从生产制造环节剥离出来，成为生产性服务业中更加专业和完善的检验检测认证行业。

而与创新过程的互动融合表现在，检验检测认证产业的发展，加强了产品与服务供给方的管理，提升了企业研发能力，降低了产品与服务的安全风险，从而提升了产品与服务的质量和安全环保等性能，使消费者权益保护得以落到实处。同时能够推动质量监管体系的完善，夯实质量发展基础，推动传统产业向中高端迈进，化解过剩产能，促进各类企业协调发展，优化制造业布局，实现我国由世界制造大国向世界制造强国的华丽转身。

检验检测认证报告与相关认可证书结果的使用者对检验检测认证服务的需求是产业链发展的驱动力，生产制造商和检验检测认证机构不断满足报告使用者持续提高的要求，从而推动了产业链的发展。检测机构还根据生产制造商的新产品开发及新市场开拓而产生的检测需求拓展业务，研发新的检测方法；检测机构技术水平的提高有助于生产制造商推广新产品并不断改进。检测伴随着生产制造的发展而兴起，同时检测行业的发展又极大地推动了生产制造业的发展。

检验检测与认证认可在创新活动中还能通过帮助组织更新顾客需求的变化，减少非增值活动，减少新产品开发时间和成本。而如领导质量管理、重视检验检验与认证和培训等的实践，也间接证明通过其他活动对绩效和创新性能产生积极影响。第三方检验检测和认证能够减少质量信息不对称，促使企业改进产品质量和管理，进而有效改善质量供给与促进消费升级。未来对经济增长的贡献也将十分显著。检测认证服务业提供有力技术支撑的同时鼓励大胆创新，为中国制造打造国际市场准入服务平台和面向国际国内市场的本地化测试平台。

质量认证体系在促进企业产品与服务质量发展的同时，当然也存在由于自身因素而对企业各项经济活动的开展可能起到负面影响的情形发生。受到质量认证标准化、达标论证方式的限制，可能弱化中小企业根据市场变化进行产品改革和创新的意识，忽视了质量体系从标准化质量体系向特殊化、个性化标准质量体系的创新发展。在实施强制性产品认证中，作为被赋予进行行政执法权力的各地质检部门面临着如何有效执法的困境。对质量认证反应强烈的一个突出问题还有质量认证的收费标准较高，可能加重中小企业负担。特别是对刚刚成立不久的中小企业，高额的相关费用无疑使得通过质量认证可望而不可及，影响自身创新发展。

二、质量基础设施与创新发展

作为激发市场活力推动创新的公共服务平台，国家质量基础始终与科技相伴、与创新相随，二者相辅相成、相互促进，共同支撑创新驱动发展战略。计量是人类认识世界、改造世界的工具。而实施标准就是科技成果的转化过程，在这个过程中又有科技的再创新，随着标准的修订完善，又将后续创新成果纳入标准，"制定—实施—修订"标准的过程，恰是"创新—应用—再创新"科技的过程，创新与标准的关系极为紧密。创新与标准化的"交互扩散效应"，借助市场机制促进生产要素在各领域高效流动和配置，当具有战略意义的关键技术与技术标准有机结合，就可以占领该领域的制高点。

也必须看到质量基础是一个整体的管理理念，培养一个组织的所有功能，通过持续改进和组织变革。融入企业的质量基础可以捕捉不同组织模式的特点，从而扩展为他们提供的原则、方法和技术。质量管理的实践是预计将直接或间接地导致改进产品质量、性能和竞争优势的关键活动，而这和创新紧密相连。一方面，质量基础是技术创新的平台，各种组成要素本身就是自主创新的成果，是科技研发和经验积累的结晶；另一方面质量基础又是科技研发的基石，运用标准化的方法可以极大提高科技研发的成功率和效率，并将自主创新的技术以标准和体制的形式加以固化，进而通过质量基础的推广实施促进自主创新成果向现实生产力的转化，提高自主创新技术的产业化水平。

正如已经讨论过的质量基础设施服务的影响研究，从提供基本的技术基础设施，创造市场条件，让消费者表达复杂的需求，并做出最终购买决定的基础上可靠的质量信号，对经济发展和创新过程形成多种方式的基础合力。国家质量基础设施机构，也代表国家创新系统的基本要素，帮助知识转移从研究到市场的应用和划定的质量维度，从而使创新实力优势企业能够在国际化的潮流中参与竞争。

政府通过发挥计量、标准化、认证认可、检验检测的技术支撑作用，搭建计量、标准化、检验检测和认证认可的专业技术平台，推出新产品，催生新业态，支持企业开展关键技术与质量共性技术攻关。加强计量检测公共服务平台建设提供计量测试校准检测服务。政府积极引导企业应用先进的计量测试技术，促进企业产品升级和技术创新；同时指导生产企业合理配置计量检测仪器和设备，加强应用和管理计量检测数据，实现对生产全过程的有效监控。政府通过建设农业质量安全保障体系、公共服务技术支撑体系、标准化政策法规体系服务企业发展，鼓励企业参加重要技术标准研制，增强话语权，突破技术性贸易壁垒，促进贸易发展。认证认可可以从源头上确保产品质量安全，规范市场行为，提高企业的管理水平，促进对外贸易。

第五章

NQI 建设的经验证据及启示

通过对广州地方质量技术监督机构及行业协会等质量基础设施业务主管部门与利益相关方的访谈调研，如广州市计量检测技术研究院、计量测试学会、质量发展研究中心、计量行业协会、标准化协会等，进行了解咨询，同时结合国内外相关文献及其他材料的归纳总结，积累一些较为科学合理的建设质量基础设施的经验证据。

第一节　中国质量基础设施建设的基本现状

我国一直十分注重国家质量基础建设，尤其是近 10 年加大了对这方面的投入，并取得了一些成绩。我国的国家质量基础呈现出技术体系不断完善，法律法规逐步完善，参与国际活动能力不断增强等特点，但同时存在顶层设计欠缺，工业转型发展支撑有待加强，全球经济话语权有待提升，政策环境有待完善等问题。

国家质量基础设施得到明显加强。一是计量基础方面，建成了覆盖热工、电学、力学、时频等十大学科领域的 183 项国家计量基准，其中 80 多项基准达到或超过国际水平。二是标准化工作方面，国家、行业和地方标准总数达到 10 万多项，覆盖第一、二、三产业和社会各领域的标准体系基本形成。三是检验检测方面，建设国家级质检中心和检测重点实验室 853 个，形成了较为完善的国家质量治理和技术支撑体系。全国检验检测网络逐步形成，为质量发展提供坚实的技术保障。四是认证认可方面，建立了中国特色认证认可体系，认证认可国际标准转换率达 100%。发放各类有效认证证书 118 万张。五是我国质量的国际话语权和影响力不断增强（中国计量，2015）。我国积极参加全球质量秩序治理，2008 年成为国际标准化组织常任理事国，2011 年成为国际电工委员会常任理事国，2013 年首次入选国际标准化组织主席和国际电工委员会副主席（中国质量报，2014）。

统计数据现显示，目前我国有标准化技术委员会 1259 个，已经制定企业标准 100 万余项、地方标准 26693 项、行业标准 37882 项、国家标准 30680 项；制定计量基准 183 项、社会公用计量标准 45695 项、国家标准物质 7834 项、企事业单位最高计量标准 40289 项；对外开展检测工作的机构资源总量为 25669 家（张宏，2014）；获得中国合格评定国家认可委员会（China National Accreditation Service for Conformity Assessment，CNAS）认可的实验室共 4835 家，数量位居世界第一。截至 2013 年年底，我国有 300 个以上质量相关法律、行政法规及部门规章，1000 个以上地方性法规和政府规章等（范洲平，2013）。

与世界上质量强国、制造强国相比，我国的国家质量基础建设尽管已初见成效，但差距也十分明显，质量基础仍然十分薄弱。统计数据显示，我国NQI与欧美发达国家相比差距依然巨大，我们的国际互认校准测量能力（Calibration and Measurement Capability, CMC）只有美国的一半，我国主导制定国际标准仅占国际标准总量的0.7%，检验检测行业高端检测仪器设备90%依靠进口（程虹，2014）。间接导致我国出口商品已连续多年占据美国、欧盟通报召回问题数量首位的原因便是质量基础能力较低，单2014年就有出口企业的36.1%因国外技术性贸易措施造成755.2亿美元的直接损失，占同期出口额的3.2%（程虹，2015）。而数据显示，在德国，标准对GDP的贡献率为0.9%，法国和澳大利亚为0.8%；欧盟的计量技术成本收益比为2.7，德国为3.9，荷兰为3.6。在我国，检验检测对GDP的贡献率为0.1%，认证认可对国民经济和社会发展的贡献率分别为0.914%和0.338%（罗连发，2014）。

同时标准缺失、滞后、老化和交叉的情况比较突出，在新产业、新技术、新产品中尤为明显。只有179项ISO及IEC国际标准由中国主导制定，仅占总量的0.7%，同发达国家相比，国家标准相关联采标率为73.5%，存在不小差距（刘三江，2015）。认证认可与检验检测服务业还存在着小、弱、散现象，技术岗位人才奇缺的现象不可忽视，种种问题也加剧了产品质量的波动（黄芳，2007）。资金投入的差距同样十分明显，美国国家标准与技术研究院负责美国政府各个部门的标准化政策，2013年获得美国政府的拨款高达7.69亿美元，而我国负责国家质量基础建设研究的中国标准化研究院、中国计量科学研究院、中国检验检疫科学研究院等加在一起，一年的经费不到 7 亿元，仅相当于美国国家标准与技术研究院的 1/8（中国标准研究院，2014）。

一、计量随新时代的稳步前进

新中国成立后尤其是改革开放以来，我国计量事业不断取得新的成就，逐步建立了以国家、省、市、县四级质监部门组成的计量行政监管体系；计量行政法规体系由我国《计量法》、8 件计量行政法规、23 件计量部门规章、29 件地方性计量法规以及 15 件地方政府计量规章基本构成；完善了以 183 项国家计量基准、38402 项社会公用计量标准、7834 种国家标准物质组成的量传溯源体系（蒲长城，2014）；健全了以计量技术法规、计量技术机构、计量技术人员为主体的计量技术保障体系。改革开放以来，与国际同行保持一致，及时洞悉计量面临的新挑战与新形势，从而准确把握中国计量前进的方向稳步前进。计量服务保障能力和参与国际事务能力不断增强，国际计量地位得到大幅提升（朱美娜，2014）。

改革开放后，中国计量便迎来了发展的春天。特别是"十五"末期以后，计量科技进入一个前所未有的发展机遇期。60 年后的今天，中国计量科学研究院（简称"中国计量院"）CQC 已自主研制国家计量基准 128 项、标准 346 项、有证标准物质 1538 种，国际计量局（BIPM）公布的国际互认的校准和测量能力 1523 项，国际排名第四、亚洲排名第一，形成了比较完善的国家计量基、标准体系和标准物质体系（卢祝华，2015）。一批高精密测量实验室相继投入使用，科研环境、测量能力和服务领域等方面得到比较大的提高和改善，随着技术能力的持续提升，中国计量院的服务水平不断增强。2017 年，中国计量院为社会提供 20 余万台/件仪器的量值传递与溯源服务，为中国计量院成为全球领先的国家计量院奠定了坚实的基础。

人才是计量科技发展的关键力量。60 年来，中国计量院一直坚持"人才强院"战略，建立全方位的人才培养体系，确立了专业覆盖面较强的 12 个团队为院首批科技创新团队；组建了由 164 名计量和产业专家参加、覆盖 14 个专业领域的首届计量咨询组；实验基地设有 14 个专业所、8 个职能部门和 4 个服务保障部门，通过招收培养硕士生、联合培养博士生、博士后工作站、每年选派约 20名中青年科技骨干到先进国家计量院工作和学习，形成了一支专业齐全、结构合理、创新能力较强的科技人才队伍（李项华，2015；蔡正平，2013）。截至 2017 年，中国计量院在职职工 1000 余人，专业技术人员 700 余人。其中：中国工程院院士 2 人，研究员 78人，副研究员、高级工程师 348 人。230 人具有博士学位，225 人具有硕士学位，硕士以上人员占科技人员总数 64%。

经过半个多世纪的奋起直追，至 21 世纪初，我国计量工作不仅初步建成了一个完整的国家计量体系，而且在现代计量科技水平和计量工作总体规模上已跻身世界计量先进行列，在食品安全、节能减排、环境保护、大众健康及国家重点建设工程等领域提供重要的技术支撑和服务，受到了国际同行的尊重（刘旭红等，2015）。

目前，世界上主要经济体都在努力使本国校准测量能力能够覆盖自身国际贸易和参与国际竞争的需求。正是基于计量的战略地位，发达国家普遍高度重视计量作用。美国、德国、英国等 20 多个国家把计量标准写入宪法，并作为中央事权和统一管理国家的基本要求。美国和德国的国家计量院院长都是由总统任命（马靖等，2014）。从计量的角度，我们已经迈入这样一个全新的时代：国际计量新秩序雏形正在逐步形成、国家计量院的社会责任日益突出、国际单位制部分基本单位面临重新定义、计量新专业的不断涌现、计量校准服务的革命性变化（国务院，2013）。

二、标准的服务能力逐步加强

进入 20 世纪 80 年代后，中国开始采用 ISO 9000 质量管理系列标准，20 世纪 90 年代后期采用 ISO 14000 环境管理系列国际标准，同时，质量体系和环境管理体系认证活动逐步开展起来。2001 年 10 月国务院成立中国国家标准化管理委员会（张莉，2013）。目前，中国的标准已形成了以国家标准为主体，由国家标准、行业标准、地方标准和企业标准组成的标准体系，在国民经济和社会发展中发挥了重要作用，越来越受到政府与社会各界的重视。

标准是各行业领域经济发展的技术基础，标准的发展情况在一定程度上反映了相关领域的发展状况。根据标准化对象的不同，中国国家标准也可划分为基础标准、方法标准、产品标准、管理标准、安全标准、卫生标准、环保标准、其他标准等 8 个类别（高盛普等，2006）。根据《2009 年中国标准发展研究报告》中的数据显示，1999—2009 年国家标准、行业标准和地方标准的数量及发展趋势如表 5－1 所示。

表 5－1 1999—2009 年国家标准、行业标准、地方标准的数量及占比

年份	国家标准		行业标准		地方标准		总数（项）
	数量（项）	比例（%）	数量（项）	比例（%）	数量（项）	比例（%）	
1999	19118	32.78	30000	51.44	9200	15.78	58318
2000	19278	30.47	32000	50.57	12000	18.96	63278
2001	19744	31.19	31900	50.39	11660	18.42	63304
2002	20206	30.12	34300	51.13	12580	18.75	67086
2003	20906	29.36	36000	50.56	14300	20.08	71206
2004	21342	28.46	37850	50.47	15800	21.07	74992
2005	20688	26.58	40070	51.48	17079	21.94	77837
2006	21410	29.28	33552	45.89	18155	24.83	73117
2007	21569	30.74	36589	52.15	12003	17.11	70167
2008	22931	29.87	39686	51.7	14142	18.43	76759
2009	23657	28.92	42765	52.29	15360	18.78	81782

（中国标准技术研究院. 2009 年中国标准化发展研究报告［M］. 北京：中国标准出版社，2010：16. 由作者整理）

由表 5－1 可知，截至 2009 年年底，国家标准、行业标准和地方标准的 81782 项，比 1999 年的 58318 项增加了 40.2%。其中国家标准数量稳步上升，占全部标准总数的比例维持在 30% 左右，并有小幅波动。行业标准与地方标准数量总体呈上升趋势，占全部标准总数的比例保持在 70% 左右。

　　以 2015 年为例，全年共批准发布国家标准 1931 项，同比增长 26.2%。全国近 5500 家科研机构和企事业单位参与了相关标准制修订工作。截至 2015 年年底，我国共有国家标准 3.2 万项，行业标准和地方标准 8.4 万项。2015 年我国紧贴经济社会发展和百姓生活需求，还发布了金融服务和节能环保等领域的标准，强化了重点产业标准制修订的力度。围绕高端装备制造、新材料、新能源等重点领域，发布相关标准 610 项，占全部标准的 31%。同时加快政务、公共服务、物流、金融、电子商务等领域标准的制修订工作，提升服务质量，推动现代服务业发展（郎志平，2016）。标准化服务经济社会发展能力进一步增强。

　　而总的来看，中国标准化工作还存在与产业发展机制不适应，跟不上国际标准更新步伐，标准体系结构还不够合理，标准国际化水平有待提升，经费投入不足等等的问题。1999—2009 年国家标准中各类标准的比例分布如表 5 - 2 所示：

表 5 - 2　1999—2009 年国家标准类型分布比例（单位：%）

年份	基础	方法	产品	管理	安全	卫生	环保	其他
1999	18.6	40.8	31.3	2.2	2.7	3.3	0.6	0.6
2000	18.7	41.2	30.3	2.1	2.9	3.6	0.6	0.6
2001	18.7	41.1	30	2.3	3.1	3.7	0.6	0.5
2002	19	40.8	29.9	2.3	3.1	3.8	0.6	0.5
2003	19.1	40.9	29.8	2.2	3.3	3.7	0.6	0.5
2004	19	41.1	29.6	2.3	3.3	3.6	0.7	0.4
2005	18.16	41.37	30.37	2.16	3.63	3.3	0.78	0.23
2006	18.44	40.65	30.64	2.18	3.92	3.23	0.72	0.22

年份	基础	方法	产品	管理	安全	卫生	环保	其他
2007	18.76	39.74	30.78	2.21	4.17	3.21	0.83	0.25
2008	18.34	39.26	31.05	2.43	4.44	3.07	1	0.41
2009	18.43	39.66	30.87	2.39	4.46	3.09	0.89	0.21

（中国标准技术研究院．2009 年中国标准化发展研究报告［M］．北京：中国标准出版社，2010：19．由作者整理）

从表 5-2 中可以看出，基础、方法、产品类标准仍然在国家标准中占绝大部分，经过长期的发展覆盖面较全，主要解决现有标准老化、落后问题；所占比例近十年来基本持平，没有较大幅度的变化。安全标准、环保标准、管理标准近几年备受关注与重视，在数量和比例上都有明显增加，制修订数量有较大提升，反映了随着经济社会的不断发展，管理、环保、卫生领域涉及面更广，面临诸多新需求，现有标准已不能满足经济发展和社会管理的需要。

大多为世界所公认的标准有德国的 DIN 标准、日本的 JIS 标准、英国的 BS 标准、美国的 ANSI 标准、法国的 NF 标准等，且在世界上这些发达国家的许多行业协会标准也颇具知名度，主要发达国家知名跨国公司的"品牌产品"，大多具有自主知识产权，标准的技术含量高，附加价值由此上升（邓州，2010）。于是，提高标准供给质量，开展国内外标准对标达标行动，加快国内消费品质量安全标准与国际标准或出口标准并轨；同时围绕"一带一路"建设，推动与主要贸易国的标准互认，促进中国标准的海外推广应用，自然也成为中国标准"走出去"、提高自身服务能力的显著需求。

三、检测认证服务业的迅速发展

我国改革开放后出现的检验测试机构大致是沿两条轨迹发展起来：一是源自计划经济体制之内的国有机构；二是民营和外资检验机构的发展。国有质量检验机构包括一大批国家产品质检中心、地方产品质量监督检验所和行业质检中心。国有进出口商品检验机构主要包括中国检验认证集团和检验检疫系统实验室；认证认可起源于工业发达国家，我国在 20 世纪 90 年代将其引入，开始建立我国的认可制度，国有认证机构原分属于 5 个部委，后来统一合并为中国质量认证中心（China Quality Certification Center，CQC）。2007 年，CQC 与中国检验认证集团合并（李志德，2012）。随着大型机构业务和企业并购活动的扩展，检验检测与认证认可机构自然出现业务的融合趋势。

改变检测认证机构条块分割的状况并进一步与国际接轨，经过14 年的发展，国家认监委已经建立了统一管理、共同实施的工作机制，到目前已经形成了比较完善的法规体系，以认证认可条例为主干，14 件部门规章、26 件相关规范性文件共同组成（汪传雷，2013）。我国也已经建立统一的认可制度，目前我们认可制度针对认证机构的认可、实验室的认可和检验机构的认可这三大门类，共有 11 项基本制度，包括 29 项分制度。截至 2018 年 11 月 30 日，这三大门类涉及 15 个领域的 10548 家机构得到专业认可，包括检查机构 559 家、实验室 9817 家、认证机构 172 家①。检测认证服务业管理体制由具体业务的管制向维护竞争秩序和规则制定的管制转变。

---

① 中国合格评定国家认可委员会网站数据整理。

　　国内的检验认证市场起先基本上由国有机构所垄断，到现在的市场格局已经发生了重大变化。从业务性质看，政府强制性业务市场份额占55%，独立第三方的业务市场份额上升至45%左右。据国家认监委、国家质检总局组织的2014年中国首次检验检测服务业统计工作结果公示，截至2017年年底，就从业机构性质看，全国（不包括港澳台地区）共有各类检验检测机构36797家，认证认可检验检测机构实现营业收入共计2632.52亿元；全年吸纳就业人口121.3万人；全员劳动生产率达到21.70万元/人。从检验检测机构属性来看，企业法人23362家，占机构总量64%；事业单位法人11369家，占机构总量31%；其他法人类型1596家，占机构总量5%。透过资产属性的特征，私营企业16660家，集体控股842家，而国有及国有控股企业18066家，港澳台及外商投资企业257家，其他502家[1]。国有检测机构在各省市均有分布，主要从事政府强制性、垄断性的检测任务，业务范围限于局部区域及所属行业部委。民营和外资检测机构主要分布在沿海地区，经营体制灵活，扩张能力较强，主要服务于出口检测市场。

　　我国检验认证市场开放以来，已发展成为规模仅次于欧盟和美国的全球第三大检验认证市场。2017年中国检测业务市场规模超过2600亿元，成为仅次全球第一大检测市场。中国检验检测服务业的市场规模分别在2011年和2012年达到826.7亿元和917.6亿元，分别同比增长18.05%和11%。2017年全国检验检测服务营业收入2377.47亿元，共出具各类检验检测机构检验检测报告3.76亿份。

---

①　中国认证认可监督管理委员会提供数据整理。

截至 2017 年，CNAS 认可各类认证机构、实验室及检查机构三大门类共计 14 个领域的 6797 家机构，多年来，中国认证认可证书总量也连续位居世界首位①。

截至 2013 年年底，检验检测机构数量排在前十位的省、自治区、直辖市依次为山东（1924 家）、江苏（1629 家）、广东（1595 家）、河南（1432 家）、河北（1431 家）、湖南（1143 家）、浙江（1119 家）、辽宁（1096 家）、云南（1021 家）、四川（857 家），这 10 个省份的检验检测机构数量合计占全国总量的 53.34%。六大区域国内检验检测机构的规模比重分别为：华东、30.18%，中南、23.46%，华北、16.01%，西南、11.60%，东北、10.87%，西北、7.89%②。其中华东、华北、中南三大区域占到全国检验检测机构总量的 69.65%，具有较为明显的区域分布特征。

随着国内检测市场大规模不断加大和良好发展，国内检测行业中也涌现出了一批优秀的检测企业。如世通检测技术服务有限公司（GTS），谱尼测试有限公司（PONY），华测检测技术股份有限公司（CTI）等。从检验检测资源状况看，2014 年各类检验检测机构共拥有检验检测服务业从业人员 121.3 万人，和 2016 年同期相比增长了 8.69%；各类仪器设备 575.65 万台套，全部仪器设备资产原值 2831.77 亿元，实验室面积 6484.15 万平方米。中国第三方检测认证组织虽然起步较晚，但经过 20 多年的发展，目前已经进入快速发展时期，认可的规模效应和国际化发展水平不断提升。

---

① 徐晶卉. 检验检测认证产业期待"破茧而出"[N]. 文汇报，2014 - 06 - 15.
② 中国认证认可监督管理委员会提供数据整理。

国家在"十三五"期间发布了一系列的规划，以及战略性的指导性文件，进一步明确了在新的时期检测认证在国家整体发展战略中的地位。明确提出要促进检验检测机构市场化的运营，引导检验检测与认证认可服务机构品牌化、专业化与规模化的发展方向，强化检测认证服务业的基础能力建设。同时，发展的目标也提得非常的清晰，认可认证作为高技术的服务业，营业收入的平均增长每年是18%以上（许增德，2015），并且明确提出了检验检测认证服务同包括研发设计服务、知识产权服务等在内的高技术服务业做大做强（如图5-1所示）。

图5-1 涉及认证认可服务业政府规划①

（根据文献整理，由作者绘制）

这些涉及检验检测与认证认可的政府规划指导意见里更加具体

---

① 国务院. 国务院办公厅关于加快发展 高技术服务业的指导意见 [EB/OL]. 中国政府网，2011 - 12 - 16.
国务院. 国务院关于加快发展生产性服务业促进产业结构调整升级的指导意见 [EB/OL]. 中国政府网，2014 - 08 - 06.

化地定位了检测认证服务业的作用。为了扶持检验检测认证行业的发展，在发展生产性服务业促进转型升级的指导意见中，提出检验检测认证的企业可以申请国家的高新技术企业的认定，享受 15% 的企业所得税的优惠等其他政策（如图 5 – 2 所示）。

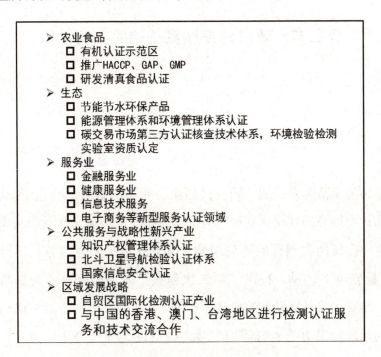

> 农业食品
>   □ 有机认证示范区
>   □ 推广HACCP、GAP、GMP
>   □ 研发清真食品认证
> 生态
>   □ 节能节水环保产品
>   □ 能源管理体系和环境管理体系认证
>   □ 碳交易市场第三方认证核查技术体系，环境检验检测实验室资质认定
> 服务业
>   □ 金融服务业
>   □ 健康服务业
>   □ 信息技术服务
>   □ 电子商务等新型服务认证领域
> 公共服务与战略性新兴产业
>   □ 知识产权管理体系认证
>   □ 北斗卫星导航检验认证体系
>   □ 国家信息安全认证
> 区域发展战略
>   □ 自贸区国际化检测认证产业
>   □ 与中国的香港、澳门、台湾地区进行检测认证服务和技术交流合作

图 5 – 2　认证认可服务国家战略的重点领域

（根据文献整理，由作者绘制）

以上列出了很多具体的领域，可以说涉及中国制造 2025、创新驱动、生态文明建设、社会信用体系建设并都提出了明确的要求。因此，在新时期检测认证作为高技术的服务业，不仅服务于第一产业、第二产业，同时还服务于同属于服务业的其他服务门类的产业，可以说是技术性的基础产业，成为我国新时期全面深化改革转

型升级、质量发展等国家发展战略的重要的基础性内容。检验检测与认证认可在国家发展战略中承担重要的使命，也表明新时期检测认证服务业良好的发展机遇。

第二节　政府建设质量基础的实例分析

一、浙江温州等地区兴起的"质量兴市"

历经了高速发展的"第一次创业"时期的温州，20世纪90年代初社会经济得到快速发展，但也显现出经济环境恶化、产品质量低劣、假冒伪劣猖獗的不利局面，市政府于是大力因势利导推进"质量立市"活动，提出"第二次创业"发展战略核心为提高质量，转变温州经济发展的战略与思路。"质量立市"也随着温州经济的阶段发展由治劣打假为主转为扶持创名牌优势企业为主，于"质量温州"的铺垫上开展"品牌温州"建设。按照国家"以质取胜"和浙江省建设"品牌大省"的要求，进一步深化"质量立市"战略，《温州质量振兴计划（1999—2010年）》《温州质量与品牌发展规划（2006—2020年）》先后推出，建设"品牌强市"全力推进，力争通过实施3个"五年计划"，全面实现名牌（企业）、行业（区域）、质量、标准、人才、专利（科技）、商标（商号）、城市等八个方面的品牌战略任务，驱动温州主要产业整体质量水平基本向国际领先水平靠拢迈进①。

"质量立市"指明了温州健康发展的道路与方向，达成了区域性、行业性的质量优势取代质量问题；规模化生产取代小作坊式的生产；他人仿冒温州产品取代山寨他人的三大强势转变。排名全国第一、第二的正泰、德力西等大企业集团，名列中国驰名商标与名牌产品。温州质量立市的过程是质量经济发展的一个缩影，质量基础、品牌认证与经济发展形成紧密联结。通过加强质量工作，从量的层次扩张变为质的内在提升，经济迈上新台阶。质量兴市活动也自此在全国范围内逐步铺张开来。

通过调研了解到，近年来广州市也以创建"全国质量强市示范城市"为抓手，紧紧围绕建设国家中心城市和千年商都的主题，明确重点突显创新，质量强市工作开创了新局面。一是重顶层设计，完善创建工作新机制。在战略方面，连续 4 年将质量强市工作列入党代会和政府工作报告，出台一系列规划、文件和方案，构建了完善的质量强市政策体系。二是重改革驱动，创建质量监管新模式。率先试点落实企业主体责任，广州市在全国率先试点重点商场质量责任首负承诺制，目前试点企业拓展至 21 家，试点企业顾客满意度持续提升。三是重品牌培育，打造城市竞争新优势。完善品牌激励政策，2014、2015 年实施品牌资助近 500 万元。推行"一企一策"品牌培育制度。通过设立引导资金、制定培育目录，优化企业品牌培育成长的环境。四是重基础建设，强化持续发展新支撑。打

---

① 陈超，方志成. 全方位的质量诚信体系建设 塑造温州品牌［EB/OL］. 温州网，2014 – 12 – 11.

造检验检测大平台，以"一区三园"模式规划建设占地约 2 平方公里的全国首个国家检验检测高技术服务业集聚区，目前又联手中国检验检疫学会以"互联网＋"模式打造检验检测认证高端品牌①。

2014 年，广州"质量强市"工作以 983 的高分顺利通过"全国质量强市示范城市"省级预验收，总分位居全省三个创建城市首位。《广州市计量发展规划（2013—2020)》首次出台，有效期内获国家测量管理体系认证企业达 64 家，连续三年保持全省首位，全市 95% 以上省名牌产品生产企业获得计量保证体系确认。2016 年，全市拥有广东省名牌产品（工业类）296 个，连续 6 年保持广东省第一。区域品牌建设独具特色，广州获批授牌和筹建的全国知名品牌示范区 6 个（1 个已经命名，5 个正在筹建)，居全国副省级市前列。广州已建成 28 个国家级实验室、18 家工程中心，8 家省级重点实验室，78 家市属培育重点实验室。目前落户广州的国家质检中心共 24 个，数量居全国前列。2014 年国家监督抽查广州市产品质量合格率（95.91%)，也明显高于北京（92.1%)、上海（93.1%）和深圳（93.06%)②。截至 2016 年，广州市累计有 40 个国家级标准化示范点，55 个省级标准化示范点③。

二、广东深圳等市的"标准化战略"

"城市标准化战略"的内涵包括：一方面是层次的提升，即在

---

① 广州质量发展研究中心访谈调研资料整理。
② 广州质量发展研究中心 . 2014 年广州市质量状况分析报告［R］. 2015 - 06.
③ 广州适量发展研究中心 . 2016 年广州市质量状况分析报告［R］. 2017 - 06.

建设国际化城市过程中，必须将标准化工作作为重要组成部分；另一方面则是领域的拓展，即注重在城市管理和建设中应用标准化的手段，注重产业发展中标准化的作用。截至 2014 年年初，标准化战略已在我国 20 多个省级行政区域政府相继得以正式发布或提出，学者们也纷纷给予关注。作为区域经济政策的一环，各城市标准化战略对全国范围内质量基础的建设与实践也有重要的先导作用。

上海市政府早在 2007 年 4 月发布的《上海市标准化发展战略纲要（2007—2020 年）》就包括鼓励突出企业的创新主体地位、以企业为主体实现标准研发创新；推动企业参与国内外标准化活动，完善标准化中介服务体系与技术保障服务体系等重点措施。北京市政府 2011 年 8 月发布的《首都标准化战略纲要》也明确指出，建立由政府引导、中介机构为主体的标准、检测和认证一体化推进机制；引导鼓励企业实施标准化战略；完善地方标准化法律法规和政策环境；推进产业联盟标准化发展（于连超，2015）。

深圳市率先在全国推进城市标准化战略，以其为典型范例，政府推动质量基础的工作部署在城市"标准化战略"中得到了重点体现。深圳市建设国家创新型城市、实施自主创新战略的一项重要举措，便是制定和实施标准化战略。2015 年年初，《关于打造深圳标准构建质量发展新优势行动计划（2015—2020 年）》和《关于打造深圳标准构建质量发展新优势的指导意见》也以市政府一号文件下发。这一系列工作部署指明了深圳质量的努力方向和实现路径，在国内率先实现了建设大标准体系的顶层设计创新（梁元婷，2015）。深圳加快建立覆盖全市重点产业发展领域同时国内领先国际先进的检测中心，建设公共检测技术服务平台，一批重点实验室得以落户；规划发展和培育标准研究、服务、检测、咨询、认证等一批社会化服务机构，建设标准孵化工程中心，推动市场化和产业化的标准化服务；扶持标准研究中介机构与国外有关标准组织结成战略联盟，推动标准信息研究机构与国际标准组织的资源共享；同时推动检测实验室与尽可能多的国际著名检测机构实现检测结果互认，帮助深圳的认证机构取得国外相关机构的认可和国际认证资质，打造国际互认的认证机构和检测实验室①。

　　截至 2013 年年末，深圳实施标准化战略的 7 年来，300 多家企业建立了研发与标准化同步机制，帮助全市企业参与制定 2115 项国际国内标准，其中国家、行业标准 1639 项，国际标准 476 项，企业标准自主创新能力有了显著提高，重点企业承担行业、国家标准制修订比例达到 62%，重点产品采标率达到 90%。同时深圳为引导和培育企业标准联盟的发展，鼓励战略性新兴产业企业形成技术标准联盟。积极推动企业将自主专利技术形成技术标准，引导企业建立标准化与研发同步机制，将技术优势转化为市场胜势。

　　经访谈资料发现，广州大力实施标准化战略，在全国副省级市率先成立标准化管理委员会，获批筹建国家级高新技术产业标准化示范区和广东省首个国家农业综合标准化示范市，被确定为全国三个物流标准化试点城市之一。以《广州市标准化战略实施纲要（2009—2012 年）》为行动指南，标准化工作呈现良好发展态势。2014 年年初，广州市正式印发实施《广州标准体系框架及标准制

---

① 我市全面实施城市标准化战略 [N]. 深圳特区报，2013 - 02 - 26.

修订路线图规划（2013—2020 年)》和《广州市服务业标准化行动计划（2013—2020 年)》①。全市财政投入专项资金 3200 余万元，资助项目 900 个，同比分别增加 24.8% 和 28.8%。32 个国家级、53 个省级标准化试点落户广州，示范试点数量和涵盖领域范围均处于广东省领先地位。近年来累计建立各级标准化示范试点 106 个，创建标准化良好行为企业 157 家，完成产品采标确认 3567 个，引导和资助 1000 多家企事业单位参与标准制修订及各种标准化活动，标准化工作的各项指标在全省均处于领先地位。在民生、市政、安全、环保等领域结合广州实际开展标准研制和实施，累计发布相关地方技术规范 188 项，完成了 10.6 万个公共信息标志标准化改造，大幅提升了城市管理水平。

温州、深圳、广州等地的实践佐证，开展质量兴市活动不仅能遏制假冒伪劣泛滥，在建立公平竞争、优胜劣汰的市场秩序等方面产生直接的带动作用，也能提升全民的质量意识与增强质量总体水平；同时质量基础建设对树立本地区良好形象，提高当地产业整体素质和竞争能力，促进区域经济健康发展也具有深远的意义。这对建设全国的质量基础设施无疑有积极的借鉴作用。

---

① 广州市标准化协会访谈调研资料整理。

第三节 国外质量基础建设的经验借鉴

一、美国

美国已形成了一套比较完善的、有效社会化的产品质量监督管理机制，这也是一套以质量认证、公证检验和产品质量责任保险等为主的，分散、协调、有序的社会化质量基础保证机制。

在美国的计量质量管理体系中，一般规定了工业、科研、国防等部门的计量质量管理体系工作均由本部门协调进行自我监督管理，特别的领域如涉及消费者切身利益的商业，特别是零售业则必须实行计量监督管理。在美国，目前成立的全国范围内的计量监督管理组织主要包括：标准技术研究院（National Institute of Standards and Technology，NIST）、全国计量会议、全国计量标准所会议（National Conference Of State Legislatures，NCSL）。1905 年由原美国标准局（现美国标准技术研究院）倡议组织了全国计量会议，制定了统一计量法规，对各州政府制定计量法规和计量技术规范。1961 年，美国标准技术研究院又发起组织成立了美国计量标准所会议，以确保全国计量技术和测量条件的一致。美国有 55 个法制计量实验室，分别设在 50 个州和 5 个特区①。

　　美国一贯重视标准化工作，早在 20 世纪初期就成立了全国标准化机构，目前已经形成以美国国家标准学会（American National Standards Institute，ANSI）为核心的自愿性标准化体系。进入 21 世纪，ANSI、NIST 等机构就促成推出了美国的标准化战略，以加大美国参加国际标准化活动的力度，推进与科学技术发展相适应的标准化，提高美国的竞争力。1998 年美国制定了包括 12 项战略要素及 62 项战略措施的标准化战略，2005 年 12 月又推出了新的内容更充实、更结合美国民间主导的标准体系实际的美国标准战略（USA standard strategy，USSS），明确提出了美国实行全球性标准的战略愿景。国家标准学会是非营利性质的民间标准化团体，实际上已成为国家标准化中心，协调并指导全国标准化活动。通过它起到了联邦政府和民间标准化系统之间的桥梁作用，现有工业学、协会等团体会员约 200 个，公司（企业）会员约 1400 个（汪莉，2011）。

　　美国的质量认证组织是在近几百年的市场竞争中形成的。美国的质量认证没有政府统一管理的传统，不同于欧洲国家，美国是由商务部委托给美国质量认证机构认可委员会对认证机构进行认可。美国的检测认证机构也已在市场运行了 100 多年，形成了一个完善、发达的检验认证体系和市场。美国的质量监督机构和体系由政府和商业机构两部分组成，主体是专门从事测试认证的独立实验室。美国的商检公司经过发展也已形成了一批集团化的国际知名检

---

① 南京霍格机电有限公司. 美国计量机构及计量管理特点简介 [EB/OL]. 江苏南京霍格机电有限公司网站，2012 - 03 - 22.

测公司，在世界范围内都颇具影响（张佳军，2009）。其中影响力较大的检测机构与认证标准包括美国标准咨询中心、华盛顿实验室（Washington Lab）、UL 标准（保险商实验室）等，形成了政府与民间共同参与的质量检验检测技术体系。来自 2010 年的数据统计显示，在美国有独立第三方实验室 400 多个，年营业额 100 多亿美元，由行业协会、学会、民间标准组织制定的技术标准就达 4 万多份，占美国国家标准总数的 45%（王艳红，2012）。

美国政府的质量基础监管具有完善的法律体系和规章制度，如《美国统一商法典》《消费者产品安全法》《美国统一产品责任示范法》等。这些法律法规几乎涵盖了所有的产品，同时为保证产品安全制定了非常具体而有效的标准和监管程序。在美国的社会性监管机构中，有众多的产品质量监管机构，其中主要有美国贸易委员会（Federal Trade Commission，FTC）、消费者产品安全委员会（Consumer Product Safety Commission，CPSC）、食品药品监督管理局（Food and Drug Administration，FDA）等。美国政府为提高产品质量采取的激励方式主要有设立国家质量奖、资助小企业接受质量管理咨询服务等。国家质量奖每年颁奖 3 至 5 个，在白宫由总统亲自颁发，每年申请国家质量奖评审的企业已超过 20 万家（卞靖，2015）。

二、德国

德国通过发展高新技术，扶持具有国际竞争优势的工业企业，已形成了比较科学、系统与完整的质量监督管理网络，无疑具备建设发达的质量基础设施的能力。强势推出的"德国工业 4.0"便希望整合德国质量科技优势，在新一轮的工业革命与产业变革中充分占领先机。

德国的计量管理体制分为三个层面：一是德国的计量组织机构为法制计量会员大会，其成员由联邦政府和州政府的经济管理部门与州计量部门组成，是全国计量工作决策机构；二是联邦政府经济部主管的德国联邦物理技术研究院（PTB），通过法制计量会员大会管理全国 16 个州计量局，与其保持良好的工作关系；三是地方计量部门，包括州计量局及其下属计量分局和计量站。以成立于 1887 年隶属于德国联邦经济劳工部的 PTB 为例，是世界闻名的计量和测试科研机构，但又具有政府管理职能，主要任务是进行计量学基础研究和应用技术开发，代表联邦政府与国外开展计量领域的双边和多边合作。

德国标准化过程中最具代表的是国家标准化组织——德国标准化学会（Deutsches Institut für Normung, DIN）的建立。出于德国产业结构的特点，标准化组织一开始由工程师们提出并组建，集中处理机械制造标准领域的标准问题。随后，标准委员会建议将各工业协会制定的标准与德国工程师协会标准合并，第一次正式用德国工业标准（DIN）之名。随后改组更名为德国工业标准委员会（Normenausschuß der Deutschen Industrie, NDI）。由于标准化能带来规范管理与经济利益，各行各业开始寻求标准化的可能。该委员会标准化活动也随之不断扩大，超越了工业制造领域。现今的德国已经建立起了比较健全的标准化体系，DIN 与德国电工委员会（Deutsche Kommission Elektrotechnik，DKE）两大国家标准化组织几乎涵盖了所有工业生产领域。标准已经不再只是工具性的生产规范原则，它深入德国人民生活的方方面面，成为德国严谨国民性的表现之一。德国制定了 8000 多部法律法规来量化管理的各个方面，其他规定更是不胜枚举。DIN 于 2005 年和 2009 年和科学界、政府的代表共同制定了德国的标准化战略，促进标准化成为经济社会进步的工具。

德国质量监管与检验机构包括消费者组织和商品测试机构。消费者组织包括消费者研究所、消费者保护协会和消费者协会。其中消费者研究所属于私立性质，负责编写研究报告、提供法律咨询；消费者协会是德国最大的消费者组织，包括所有代表消费者利益的组织，主要职责为向政府和议会表达消费者的合理诉求，提供咨询与协调服务，进行消费者与商家间的诉讼调解与仲裁；消费者保护协会是消费者保护组织，主要职责涉及提供消费者保护咨询与集体诉讼受理的服务。商品测试机构主要为商品测试基金会与消费者信息咨询服务组织。其中商品测试基金会属于私营基金会性质，主要为本国市场上各类耐用品与消费品进行不定期抽查、比较和测试，及时向消费者公开相关检验信息，就对商品检验的权威性来看，德国毫不逊色于其他国家甚至更高，这也是其区别于世界上绝大多数国家类似机构的最显著特点；消费者信息咨询服务组织主要负责对外发布产品信息与提供咨询服务，以此增强市场透明度以保护消费者（卞靖，2015）。

早在 1879 年的《食品法》、1974 年的《食品改革法》及 1977年的新《药品法》三部主要法律之外，德国在产品质量监管方面的法律还包括《反不正当竞争法》《反限制竞争法》《广告法》《商标法》等 20 多部法律。这些法律大部分是针对生产者和销售者的，要求生产者和销售者必须按法律严格地提供符合消费者利益的产品（施颖，2015）。

三、日本

日本产业技术综合研究所计量标准综合中心（National Metrology Institute Of Japan，NMIJ）是日本计量基准、标准科研和管理机构，与日本有关科研机构建立起紧密的合作关系，建立起综合性的、强有力的日本计量标准体系。日本产品评价技术中心（NITE）负责计量法规定的校准实验室认可工作。两者建立起紧密的合作关系，以便更有效地开展工作；从保证该制度的可靠性和有效进行计量标准传递的角度，努力提高自己的技术能力，适当利用包括产综研在内的外部人才。1999 年日本便签订了计量标准相互承认协定（Mutual recognition agreement，MRA），统筹负责实现计量标准的国际等效性。2000 年日本承担了区域机构亚洲太平洋区域计量规划组织（Asia – pacific regional metrological planning organization，APMP）的议长国和干事国，积极履行职责；同年日美签订了计量标准领域合作的规划，确立了日美两国国家计量标准的等效性。另一方面，为了确保校准实验室制度与国际制度一致，作为计量法校准实验室认可制度的实施机构，NITE 于 1999 年和 2000 年分别与亚洲太平洋区域实验室认可合作组织（Asia Pacific regional laboratory accreditation cooperative organization，APLAC）和国际实验室认可合作组织（International laboratory accreditation cooperation，ILAC）签订了相互承认协定。积极从计量基础方面消除阻碍经济贸易发展的技术贸易壁垒（苏敬，2002）。

日本是一个标准大国，技术标准主要包括 JIS 工业标准、JAS 农林标准和行业标准。行业标准只适用于企业团体内部。本国企业、行业协会、消费者团体等非政府组织在日本技术标准的制定过程中发挥的作用日渐突出，很多技术标准都是由企业提出，通过行业协会传达给政府主管部门并制定实施的。日本在 20 世纪 50 年代提出质量立国战略以后，一直把标准化作为质量管理的基石，不仅十分重视技术标准化，而且还重视管理标准化和工作标准化。尤其在企业标准化工作方面，注重创新，走在世界前列。2001 年 9 月，日本又提出技术标准立国的战略思想，发布标准化战略，确定了 3 个标准化战略的重点课题和四个标准化战略的重点领域、12 项策略、46 项措施。同时还制定了 27 个行业的标准化战略。2006 年 9 月，日本又研究制定日本的国际标准综合战略，明确了 2007—2015 年日本的国际标准战略思想、目标和措施。希望举全国官民之力，面向未来 100 年，向着国际化的新世纪迈进。日本标准化战略实施后已经初见成效，如其承担的 ISO/IEC 秘书处数量由 2001 年的 40 个增加到 2005 的 59 个；采用国际标准的比例从 1995 年的 46.7% 提高到 2005 年的 90%（王金玉，2003）。

产品质量监管机构主要为消费者保护会议、国民生活中心、经济产业省和消费者保护行政机构。日本重视组织和利用社会检验力量，政府对民间检验机构的检验技术水平、检验设备手段、检验范围和能力以及组织结构进行考核认证，对指定的民间检验机构的检验业务和检验结果进行监督管理，不定期进行抽查（施颖，2015）。

目前，日本以《消费者保护基本法》为中心，包括中央、地方政府制定的 260 多种法规在内，已经形成了一个比较完备的产品质量监管的法律体系。例如《工业标准化法》《消费者保护基本法》等。日本在产品质量安全方面的法律规范兼顾综合性与具体性，详细规定了生产厂商的权利义务和监管机构的职责。日本非常重视质量激励的作用，多年来形成了以"戴明奖"为主、包括质量管理奖和质量激励奖等的比较完善的质量激励体系（高晓红，2008）。

美国、德国和日本的质量基础建设做法与质量监管经验，为我国质量基础设施的建设与完善提供了宝贵的启示。同时我们也可以发现，各国情况自有差异，针对本国国情建立的国家质量基础即采取措施也各有千秋。因此，质量基础设施体系的建立应在政府统筹规划设计原则的指导下，充分结合经济、社会与消费发展特点，建立满足国家产品与服务质量进步需求的相应体系。

第四节　质量基础建设的参与主体及其作用分析

质量基础设施体系的建设包括各类参与主体，它们各自履行职能，利用有限资源，集中力量于各自的核心业务与管理体系，协调一致共同合作，确保体系正常运行。如政府质量监管机构、计量标准机构、认证机构、认可机构、检测和校准实验室等，支撑起质量技术基础的设施体系。

一、政府作用

建设质量基础设施的过程中政府贡献的作用是不可忽视的。在我国还不够完善的市场经济体制情形下，政府的质量监管、质量引导与资金资源投入，必要性非常明显。政府通过确定质量方针、目标并实施质量政策来统筹质量管理，促进质量进步。政府在质量基础设施上的投入与管理，从管理的范围与层次上属于一种宏观管理，所负责的范围涵盖社会公共的质量建设部分，对影响经济社会发展和社会正常生活的质量问题进行指导和监管（史璐，2012）。

从质量基础设施建设的角度出发，我国的政府质量管理机构主要由国家质量监督检验检疫系统和工商、国家食品药品监督管理总局（简称"药监局"）以及其他行业管理部门构成。支撑履行质量监管职能的是各级各类覆盖全国范围的质量技术监督检验检测机构。综合来看，政府建设质量基础与管理质量的主要工作内容是：规范质量管理方面的行政法规，实施市场准入制度，国家标准的制修订与发布，产品的质量认证与管理，等等。依托上述方式，政府逐步引导企业与社会与国家发展方向相一致，把质量基础与国家整体的质量状况控制在基本适应国民经济发展的水平线上。

政府制定和实施质量方针、政策与法规，为推进建设质量基础设施体系提供和创造良好的制度环境，这一过程与意义不容忽视。一是进行立法支持，制定配套的法规、政策，完善中国标准化的法规、政策体系，如《中华人民共和国计量法（简称计量法）》《中华人民共和国标准化法（简称标准化法）》《中华人民共和国产品质量法（简称产品质量法）》及《中华人民共和国认证认可条例（简称认证认可条例）》；二是提供资金支持，对国家计量基准溯源、企业标准研制、标准化人才培养、检验检测认证认可机构培育等重点领域提供经费投入，这既可彰显政府层面的重视，也可发动企业在这方面更大投入的积极性；三是建立质量基础的制度激励机制，引导鼓励各级企事业单位质量基础整体水平的提升，真正为质量创新保驾护航。政府担当国家经济建设的指挥者、组织者，合理地调动发挥宏观调控，就能为企业经营创造良好的外部市场环境。中国要发挥质量基础的后发优势，发挥政府集中调配资源、协调关系干大事做实事的优势，加大政策引导与扶持、公共资源投入的力度。当然，政府引导也必须与市场机制结合起来，在鼓励充分培育市场、转变政府职能的前提下，更好地融入国际质量基础的竞争，改造提升中国的质量基础水平。

二、质量中介机构作用

质量基础中介机构的范围很大，包括质量行业协会、质量检验测试机构、质量评审认证机构、质量培训教育机构以及商业组织中的质量机构等，是质量组织的主要组成部分，也是最广泛最基础的部分。这些机构分布在不同的地区、行业、领域与企业中，其职能和作用不尽相同，工作领域和专业方向也各有不同（盛佃清，2007）。

质量行业协会在行业领域对企业的质量进步具有重要的组织领导和专业指导作用，包括推广先进质量管理理论方法和先进经验，开展质量专业培训等。如注册成立于 1999 年 3 月的广州市标准化协会，是由开展标准化及相关工作的企事业单位自愿结成的非营利性社会团体，为它们提供标准化及相关培训、各级标准编写、"标准化良好行为企业"创建辅导、采标认可等领域方面的综合服务①。

质量检验测试机构主要工作领域在质量技术创新、质量标准制定和质量保证方面，同时接受政府委托开展质量监督检查工作，其公正性、科学性非常重要。如始建于 1936 年，重组于 1950 年的广州计量检测技术研究院，是市政府依法设置的社会公益性法定计量检定机构，工作职能与业务范畴隶属国家质监局管辖。作为向社会提供专业服务的第三方实验室，主要从事测量仪器的产品质量检验、计量人员培训与咨询等技术服务。所出具的检定检验证书和报告具有法律效力，也可作为以及行政复议与法律仲裁的技术依据。

质量评审认证机构在指导企业建立质量管理体系、推进质量认证、提供质量信任方面作用积极，在产品检验、认证和进出口安全确认方面具有权威的地位和作用。如于 1992 年 7 月 3 日批准成立的广州市质量发展研究中心是从事标准化和质量管理研究、指导、教

---

① 对广州市标准化协会、计量检测技术研究院、质量发展研究中心等机构的访谈调研资料整理。

育的专业机构。承办有关企业首席质量官、食品生产企业法人等企业质量安全控制关键岗位责任人考核方面的具体工作①。

质量培训教育机构是质量理论研究的重要平台与质量人才的培训机构，而商业组织中的质量机构是推动质量进步的执行主体，是推动企业应用各种先进的质量管理方法和手段的中心环节。同样是推动社会质量进步的重要力量。

三、企业作用

企业是实现产品生产、保证服务质量的最基本组织。企业通过制定质量方针、建立质量保证体系、规划生产流程等方式，将产品与市场连接起来。通过产品测量校准、标准体系引入与产品或服务认证认可，逐步达到市场对产品与服务的要求，实现规范化的质量管理。根据质量认证标准建立的企业质量管理也应该是一个要求全面、全员参与，并不断改进的管理过程②。

企业作为经济社会发展的重要组成部分，为国家各项职能的开展提供有力的资金支持，使我国质量基础的参与执行机构能够顺利开展质量管理和监督工作。作为计量、标准与质量认证中的行为实施主体，企业可以向政府或中介机构提出有关测量基准溯源、标准体系建设与质量认证规范的制修订意见，完善我国质量基础体系，

---

① 对广州市标准化协会、计量检测技术研究院、质量发展研究中心等机构的访谈调研资料整理。
② 对广州市标准化协会、计量检测技术研究院、质量发展研究中心等机构的访谈调研资料整理。

加强质量管理与监督的有效性。

测量基准、标准体系与质量认证的各项标准、规范和要求的制定要充分考虑到企业的现实利益和经营现状[1]，以及企业长期发展的需要。调动起企业广泛的积极性，发挥企业的主观能动性积极主动地开展各项质量基础的执行工作，从而使质量基础得以有效落实，取得良好的效果。如国家制定的计量基准、标准体系与质量认证规范不符合企业的经营现状和需求，对促进企业产品与服务质量提高与管理水平的升级便得不到保证，企业实施各项质量基础的工作成本若过高，企业也只会选择强制性的质量管理与认证，自愿性的质量基础工作将无法推行。

而且从供应链的角度考虑，后一环节的使用与执行者企业是前一环节提供者质量管理机构与中介机构的顾客，企业构成质量基础各项服务的消费者，企业对质量基础工作的需求将会对此类服务产生支付溢价，促进计量、标准、检验检测与质量认证机构改善提供的服务和降低企业执行的成本，加强第三方中介机构组织的良性竞争，刺激质量基础的服务市场发展（李志德，2012）。

因此，可以说政府质量监管职能的有效发挥，在很大程度上也取决于质量中介机构的水平，取决于企业的执行参与程度，取决于在质量基础设施体系内各主体作用的全面协调。当前质量管理的紧切目标，便是国家质量基础建设的系统性、国际性与专业性并行。

---

[1] 对广州市标准化协会、计量检测技术研究院、质量发展研究中心等机构的访谈调研资料整理。

第六章

NQI 与国家战略的对接研究

本章主要结合中国经济新常态的背景，重点探析 NQI 与"中国制造 2025""一带一路"以及"大众创业，万众创新"等国家战略之间的关系，以期为上述战略的设施提供理论工具和实践支撑。

第一节　支撑"中国制造 2025"战略

一、"中国制造 2025"战略背景

制造业是国民经济的根基，近几十年中国制造业规模突破性地登上世界首位，综合国力明显提升，世界大国地位凸显。然而，在质量和结构等方面，中国同世界发达经济体仍有较大差距，关键在于中国制造业大而不强。2015 年国务院提出中国版"工业 4.0"的国家战略《中国制造 2025》，制造业开始全面转型，提速发展。中

国制造业要想打破大而不强的僵局，由大变强，首要的就是打造质量强国，夯实国家质量基础。质量为先是《中国制造2025》的基本方针之一，以质取胜才是建设制造强国的正确方向。

《中国制造2025》是我国工业加快从"制造大国"转向"制造强国"转变的发展纲领与顶层设计，要求未来10年坚持创新驱动、智能转型、强化基础、绿色发展，改变中国制造业"大而不强"的局面是其根本目标。推动"中国制造2025"是在新的国际国内环境下，中国政府立足于国际产业变革大势，做出的全面提升中国制造业发展质量和水平的重大战略部署（李金华，2016）。

"大而不强"一直是困扰中国制造业发展的难题。虽然中国已成为全球最大的制造业生产国，产值占全世界的20%，工业品产量居世界第一位的超过210多种，但钢铁、有色金属、石油化工等15个重点行业技术水平普遍比国际落后5至10年，有的甚至落后20至30年。即使在一些具有较高技术的出口产品如半导体、生物医药和计算机、通信等中，获得授权的国内企业专利数也还不足40%（程虹，2013）。主要的技术差距在于产品的附加值偏低，缺乏关键核心技术和自主知识产权，出口效益未得到实质性提高（黄群慧等，2015）。中国迫切需要推动制造业转型升级，提升制造业的自主创新能力，这些都成为推动"中国制造2025"的坚实基础。

制造业的竞争将成为未来大国竞争的关键，制造业是一国竞争力和经济实力的重要标志，也是国民经济的支柱和基础产业（曾思蜀等，2016）。想要在全球市场上占据中国制造业的主动，就必须在经济发展的"新常态"下推动产业结构调整优化，勇于转型升级，提升专业技术创新能力。世界主要发达国家都将提高质量基础设施水平上升到国家战略层面。被誉为第四次工业革命便是德国以智能制造为主导提出的"工业4.0"。金融危机后，"先进制造业国家战略计划"在美国提出，并采取多种措施"吸引制造业回流"，法国提出了"新工业法国"，日本提出"产业复兴计划"，"高价值制造业战略"也由英国引领，制造业的发展重新得到了各国的高度重视（徐建华，2015）。而无论是德国"工业4.0"，美国的"第三次工业革命"，还是"中国制造2025"，都需要先进质量基础设施的支撑，以此作为技术创新的基础平台，毫无疑问也将成为推动企业创新、抢占未来技术发展制高点的关键。

二、NQI与制造业转型升级

计量与质量密切相依，现代产品生产质量的基础和体现就融于计量检测的能力和水平。计量也被形象地称为工业的"眼睛""神经"和产业的"限高尺"。计量技术与管理贯穿由原材料进厂向产品或工艺出厂的全过程，产品生产过程中每个环节质量控制水平的提升，都依赖于稳定的计量检测与管理（高富荣，2011）。在全球经济一体化条件下催生的跨国生产和专业化生产中，使用计量标准不仅保证了同类产品规格和性能的一致性、互换性和兼容性，还为客观公正评价同类产品的质量提供了等效一致的测量参考尺度。计量也是新技术产品从试验品到商业化的桥梁和纽带（耿维明，2013）。

标准是科学、技术和实践经验的总结，标准引领质量提升。标准的先进性为质量改进提供路线图，从而提高产品与服务的附加值，优化产业结构。也能够带动从基础元器件、基础材料到关键工艺、重大装备乃至整个最终产品产业链的质量提升（Blind et al，2013）。标准化是促进工业企业减少经济核算成本的基本保证，也是集约化生产得以实现的技术基础。标准化体系的坚持一贯性、可溯源性和准确度，直接影响自主创新的技术水平和产品质量。推动技术改造的企业变革缘由也依赖于标准化水平的提升（郭钧，2014）。因此增强中小企业的自主创新能力，达成产业转型优化，必须升级标准化的技术水平与加快推进标准化质量基础平台的建设步伐，占据国际国内领先标准与标准化技术保障能力的战略制高点（姜红，2010）。

第三方检验检测和认证能够减少质量信息不对称，促使企业改进产品质量和管理，进而有效改善质量供给与促进消费升级。未来对经济增长的贡献也将十分显著（郭朝先等，2012）。检测认证服务围绕制造转型升级的需求，主动与产业发展对接，与高端制造业的需求对接，做好技术服务和保障工作。服务于产业的需求，制造业"走出去"战略的执行要求基于计量、标准化、检测认证提供的综合性系统技术服务解决方案（郭朝先等，2012）。检测认证服务业提供有力技术支撑的同时鼓励大胆创新，为中国制造打造国际市场准入服务平台和面向国际国内市场的本地化测试平台（郝鹏等，2014）。不断加大国际合作力度，与国际权威机构建立互认资质，尽可能构建"一个标准、一次检测、全球通行"的检测认证体系，助推制造企业成功进入全球市场（翟博洋等，2013）。

而其实无论是传统产业升级还是战略性新兴产业及生产性服务业发展，对国家质量基础都有需求。在传统产业方面，以钢铁制造业标准需求为例，当前我国的标准与国际差距大，急需修订老化标准和制定高端新材料标准。生产性服务业方面，围绕电子商务行业 B2B 和 B2C 全程交易过程中的安全性规范以及交易前、交易中和交易后各环节实施响应；在物流与高技术服务业，主要面向生产、仓储、运输、配送等重要物流环节，针对业务流程、信息系统、运营服务的共性技术问题进行业务标准分类、服务质量评价等引入（铁道技术监督，2014）。总之，作为质量发展的重要基础手段和新型服务业态，质量基础能为产业提质增效升级提供有力的支撑作用。

第二节　服务"一带一路"倡议

一、"一带一路"倡议背景

2008 年金融危机之后，经济全球化与经济区域化向纵深发展，以美国为主导的 12 国从于 2015 年 10 月签订 TPP 贸易协定，进一步推动国际贸易的便利化与自由化。与此同时，中国也于 2013 年 9 月正式提出了"一带一路"倡议，以谋求进一步加强区域内互联互通，促进区域内贸易的发展。"丝绸之路经济带"即构成"一带"，有着 3 个方向的陆地走向，分别从中国出发经中亚、俄罗斯到达欧洲，经中西亚地区挺进地中海与波斯湾，同时拓展到南亚、东南亚与印度洋地区。"21 世纪海上丝绸之路"即形成"一路"，同样有着两条重点的延伸方向，分别从中国出发经沿海港口过南海到印度洋，顺延至欧洲，过南海到南太平洋地区。地图上的线路版图勾画出了沿线各国基于"一带一路"互联互通、通力合作的现实蓝图（赵可金，2016）。"一带一路"沿线总人口约 44 亿，占全球 63%，大多也是发展中国家和新兴经济体，经济总量占全球 29%，约 21 万亿美元。这些国家普遍处于经济发展和城市化进程的上升期，资源丰富，拥有广阔的互利合作的前景。

从国际合作的角度来说，"一带一路"倡议是一个全方位深层次的对外开放战略；对国内发展的角度来说，"一带一路"倡议与 2015 年 5 月发布的《中国制造 2025》相辅相成，也是一个推动中国产业结构转型升级，不断提升中国对外贸易的层次，推动中国从低端商品输出转化为高端商品输出、资本和技术输出的战略。随着"一带一路"倡议的实施，中国与"一带一路"沿线国家之间的经济沟通与交流日益密切，双向贸易与投资均呈现良好的发展态势，同时，中国吸引外资的结构也逐渐改善，有力地促进国内产业转型升级。根据商务部统计数据，由于 2015 年世界贸易形势整体低迷，2015 年上半年中国与"一带一路"沿线国家双边贸易也受到影响，双边贸易额有所下降，总额达到 4853.7 亿美元，同比下降 8.4%，占同期中国进出口中国的 25.8%。尽管短期内受国际贸易形势影响，双边贸易有所下降，但是从长期来看，双边贸易增长前景仍然看好。与此同时，中国与"一带一路"沿线国家的双向投资却呈现快速增长态势。从吸引外资的角度看，2015 年上半年，"一带一路"沿线国家对华投资设立企业 948 家，同比增长 10.62%；实际吸收外资金额 36.7 亿美元，同比增长 4.15%。其中，波兰对华投资增长最多，超过 36 倍，沙特增长了近 7 倍，马来西亚、俄罗斯、斯洛伐克对华投资均增长超过 100%。在投资数量大幅增加的背后，中国吸引外资投入的行业也有了质的提高，以信息产业、金融业、租赁和商业服务业为代表的新兴产业和高端服务业，吸收外资同比分别增长超过 1.6 倍、12 倍和 1.5 倍。从对外投资的角度看，中国对"一带一路"沿线国家的投资也实现了快速增长。2015 年上半年，中国企业共对沿线 48 个国家直接投资 70.5 亿美元，同比增长 22%，在我国非金融类对外直接投资中的占比达到 15.3%。从投资去向看，中国对"一带一路"沿线国家的投资主要流向新加坡、印尼、老挝、俄罗斯、哈萨克斯坦和泰国等国家（新华网，2015）。

无论从加快转型升级、应对金融危机的角度看，还是改善民生、发展经济，沿线各国的前途命运，从未像今天这样休戚与共、紧密相连（裴长洪等，2015）。宣告着"一带一路"进入到全面推进阶段的，便来自 2015 年 4 月官方联合发布的《推动共建丝绸之路经济带和 21 世纪海上丝绸之路的愿景与行动》。"一带一路"沿线国家或地区共同构筑贸易、经济的"一带一路"，传播文明、文化的"一带一路"，共同打造设施、贸易、资金、政策、民心等各方面的互联互通，其中自然也离不开各国基于质量基础的认同与许可。

二、NQI 与"一带一路"倡议

"一带一路"伴随"中国企业走出去",将发掘实现海外市场的潜在需求,对外输出产能以消化国内过剩的问题,撬动整系统的"基础设施产业链",促进制造业逐步实现由制造大国向制造强国的转型升级。而实施"一带一路"倡议也将以交通基础设施为突破,关键在于对沿线国家发展带来实质性帮助,形成双赢和多赢格局(王全永,2015)。在中国的优势产业中,最显著突出的莫过于中国的基础设施产业,包括建筑业、装备制造业、基建材料等。推进"一带一路"中"基建输出"的建设能给制造业及建筑业日趋严重的产能过剩、增速放缓的固定资产投资注入一支强心剂(程虹,2014)。建设推进"一带一路"过程中,要实现大多国家或地区在质量规则与认证认可制度等方面最大限度的认同,也无疑须充分发挥质量基础在国际产品及服务贸易中的作用,服务于更好地交换与流通彼此制造生产的产品。

事实上,在国务院办公厅下发的《贯彻实施质量发展纲要 2015年行动计划》中,就明确提出今年要围绕实施"一带一路"倡议,加强检验检疫、认证认可等方面的国际合作(游艳玲,2015)。《推动共建"一带一路"建设的愿景与行动》中的"合作重点"也明确提出,沿线国家宜加强信息互换、监管互认、执法互助的海关合作,以及检验检疫、认证认可、标准计量、统计信息等方面的双多边合作,加快边境口岸"单一窗口"建设,提升通关能力降低通关成本，改善边境口岸通关设施条件。推进监管程序跨境协调，开展"经认证的经营者"（AEO）互认，推动检验检疫证书国际互联网核查，加强供应链便利化与安全合作。降低非关税壁垒，共同提高技术性贸易措施透明度与贸易自由化便利化水平（郝欣等，2015）。

从计量的质量基础工作角度出发，"一带一路"的计量承担着"桥梁"与"纽带"的角色定位。进一步提升计量工作在经济社会发展中重要作用的影响力，对于深入实施"一带一路"倡议具有极其重要的意义。"一带一路"倡议是构建与周边国家与地区的贸易合作、友好交往、信息汇集、便利服务和人力资源的五大平台，积极发挥计量涉及基准溯源面广的优势，充分拓展计量主体的国际联络、国际培训、计量信息咨询等工作业务，可以进一步明确自身在外经贸发展战略和对外开放格局中的定位，努力成为我国对外计量技术交流的重要窗口（张绍旺，2015）。

在推进实施"一带一路"的国家战略中，标准作为世界的通用语言，社会经济活动的技术依据，在引导技术创新、减少贸易成本、增强沟通互信等领域也发挥着不可替代的作用。我国的广大企业推动中国标准"走出去"，带动中国产品、技术、工程、产业等"走出去"，全面深化与沿线国家或地区的双多边标准互认、互联互通与务实合作，标准的此类海外推广应用无疑将更好地提升中国在国际标准化活动中的地位与参与能力水平。积极推动应用标准化手段，在加大采用国外先进标准和国际标准力度的同时，引导并鼓励我国一定实力的优势企业融入国际标准实质性的制定中。

合格评定以检验检测与认证认可为主体内容，也是促进贸易畅通便利的重要依据，在减少贸易壁垒、增进国家互信、推动国家间贸易通畅、协调国际质量共治等方面起着积极作用。在建设推进"一带一路"过程中，也是有力抓手之一，各国可以普遍应用检验检测与认证认可的合格评定手段确保产品及服务质量，同时加强双多边国际合作与互认减少互贸壁垒，服务产品及服务贸易发展，推动国际贸易与投资便利化。这是国际通行的贸易便利化工具与现代化质量管理手段。目前"一带一路"沿线建设的国家中，28 个国家已经加入了国际实验室认可合作组织（International laboratory accreditation cooperation，ILAC）和国际认可论坛（International Accreditation Forum，IAF）的质量多边互认框架。沿线国家加强双多边认证认可合作，对促进贸易畅通、设施连通、政策沟通、人心相通具有重要意义，国际互认的认证认可体系已覆盖全球经济总量95% 以上的经济体，对全球贸易起着不可替代的作用，在"一带一路"建设中也发挥着"先行军"的作用（裴长等，2015）。

三、标准化合作与"一带一路"倡议

尽管"一带一路"沿线国家之间的经济交往不断加强，国家之间的贸易与投资均呈现良好的发展态势，但是也存在一些亟待解决阻碍贸易及投资发展的问题，而各国之间的标准化问题即是其中的关键问题。2014 年，"标准联通一带一路国际合作交流会"在西安召开。"一带一路"沿线国家的标准化机构共同签署了标准化合作协议，将在双方共同关注的领域，相互采用对方标准，共同推动产

品标准的协调一致，减少和消除贸易壁垒。尽管"一带一路"沿线国家之间已经达成标准化合作的共识，但是由于沿线各国之间的标准化体系存在较大差异，标准化合作的落实尚需时日。

沿线国家之间的标准化合作事关"一带一路"战略的大局。一方面，标准化的趋同有利于促进区域内国家之间的贸易与投资，促进各国产品和资金更顺畅地流通与交换，深化国家之间的经济合作；另一方面，"一带一路"沿线国家绝大多数为发展中国家，对国际贸易的标准化参与程度较低，无法获得足够的话语权。在当前越来越激烈的国际竞争中，发展中国家过去采用的在发达国家先进技术的基础上进行使用、学习、创新的战略已经不合时宜，应当由技术的竞争转向标准的竞争，在外贸政策上采用使用标准到参与制定标准再到创造新标准的发展战略，才能帮助发展中国家在激烈的国际竞争中迎头赶上。

因此，"一带一路"沿线国家只有通力合作，促进区域内标准的互认，并逐渐建立区域内标准化体系，才能增强发展中国家在制定国家标准中的竞争力，争取更多话语权。当前，"一带一路"沿线国家之间的检验检测认证认可标准化发展程度差异较大，标准体系和标准制度不统一，部分国家的标准与国际标准存在较多不一致之处，导致出口产品需要重复认证，阻碍了国家之间贸易的顺利进行。近年来，由于缺乏标准化的合作，"一带一路沿线国家"频频发生对我出口货物加严设限情况。如近几年，中国已成为印尼手机和掌上电脑等电子产品最大的进口来源国，2011 年印尼从中国进口手机达到 3569 万部，占总进口量的约 80%。但是 2012 年年底，印尼政府颁布了第 82 号贸易部长条例，加强进口电子产品规范，指定进口口岸，增加进口壁垒，条例的实行对中国手机等产品进入印尼市场设置了更多障碍，一定程度减少了对中国手机的进口（中国驻印度尼西亚经商参处，2014）。2015 年 3 月，俄罗斯联邦兽医及植物卫生监督局于 2015 年 3 月 19 日发布官方函件，根据俄罗斯质量检验检测的最新规定变更了中国 352 家在俄注册水产企业的注册产品种类，造成我国多家企业输往俄罗斯的水产品通关受阻滞留港口，导致我国企业遭受重大损失。这说明两国在标准、认证、注册等程序上急需加强协调与合作（中国质量新闻网，2015）。

可以说，标准化对"一带一路"建设具有基础和支撑作用。全面深化与沿线国家和地区在标准化方面的双多边务实合作和互联互通，积极推进标准互认，有利于我国标准的海外推广应用，推动中国标准"走出去"，有利于提升标准国际化水平，有利于更好地支撑服务我国产业、产品、技术、工程等"走出去"。

第三节　助推国家"双创"战略

大众创业、万众创新，写进总理政府工作报告中的这句话，正受到前所未有的关注。如今的中国，创新驱动创业，创业带动就业已经成为经济发展新常态下的新引擎。实际上，习近平总书记、李克强总理等国家领导人曾多次在公开场合提出"大众创业""万众创新"。一系列关于"创业创新"优惠政策也如雨后春笋般出现，促使我国掀起了"双创"的新浪潮。

创新发展是国际竞争的大势所趋。当前世界范围内新一轮科技革命和产业变革加速演进。我国只有努力在创新发展上进行新部署，实现新突破，才能跟上世界发展大势，把握发展的主动权。"十三五"也是我国发展质量提升的关键时期，只有真正建立起质量创新的体制和机制，才能实现将经济发展建立在提高质量和效益的基础之上。质量创新将有效地改变我国要素的供给结构，成为新常态下经济发展的重要新动力。

国家质量基础是以质量提升为目标的技术支撑体系，主要包括标准化、计量、认证认可、检验检测等要素，四者之间具有紧密的内在逻辑关系。而创新（Innovation）一般指新的知识、思想、方法和技巧或新的应用，可以产生独特的能力和利用组织的竞争力。国家质量基础设施是由复杂而有高度，且相互依存相互关联的各种制度要素组成。同时没有任何优质的质量基础设施服务可以在不需要其他补充要素的情况下有效地工作。而由于表现形式和成果的内隐性，质量基础的社会机构和创新之间的紧密联系往往很不明显，但可以相信，计量、标准化与合格评定，由各类国家质量基础设施提供的服务是新的社会和技术发展的重要驱动力。质量基础设施的所有元素，有助于一个社会的质量能力提升，通过创造和扩散新技术，以在不断更新的环境中应对变化的挑战。计量从来都是统一管理国家、维持国家秩序的重要手段。如今，计量也已经被赋予新的内涵和使命，成为国家核心竞争力的重要标志之一，成为保障经济正常运转的技术手段。随着经济全球化的发展，技术、经济与标准化的联系日益密切，技术标准化战略已成为世界各国发展贸易与提高产业竞争优势和国家竞争力的重要手段，技术标准成为当前市场竞争的重要工具。要提高产品的质量，提高产业国际竞争力，产业必须建立完善的技术标准化体系。质量认证也成为产品进入国际市场的通行证。质量认证制度是社会市场经济发展的产物，而伴随着经济规模的不断扩大和日益国际化，为提高产品信誉，减少和消除贸易中的技术壁垒，维护生产者、经销者、用户和消费者各方的权益而逐步发展和普及，特别是在对涉及安全、健康、环保等方面的管理中都发挥了不可忽视的作用，也已成为国际通用做法和惯例。

作为激发市场活力推动创新的公共服务平台，国家质量基础始终与科技相伴、与创新相随，二者相辅相成、相互促进，共同支撑创新驱动发展战略。计量是人类认识世界、改造世界的工具。而实施标准就是科技成果的转化过程，在这个过程中又有科技的再创新，随着标准的修订完善，又将后续创新成果纳入标准，"制定—实施—修订"标准的过程，恰是"创新—应用—再创新"科技的过程，创新与标准的关系极为紧密。创新与标准化的"交互扩散效应"，借助市场机制促进生产要素在各领域高效流动和配置，当具有战略意义的关键技术与技术标准有机结合，就可以占领该领域的制高点（Kim et al, 2012）。

也必须看到，质量基础是一个整体的管理理念，培养一个组织的所有功能，通过持续改进和组织变革。融入企业的质量基础可以捕捉不同组织模式的特点，从而扩展为他们提供的原则、方法和技术。质量管理的实践是预计将直接或间接地导致改进产品质量、性能和竞争优势的关键活动，而这和创新紧密相连。一方面，质量基础是技术创新的平台，各种组成要素本身就是自主创新的成果，是科技研发和经验积累的结晶；另一方面质量基础又是科技研发的基石，运用标准化的方法可以极大提高科技研发的成功率和效率，并将自主创新的技术以标准和体制的形式加以固化，进而通过质量基础的推广实施促进自主创新成果向现实生产力的转化，提高自主创新技术的产业化水平。

可以看到，囊括了计量、标准化与检测认证各种组成要素的质量基础本身就是自主创新的成果，是经验积累与科技研发的结晶；同时质量基础又形成科技研发的基石，搭建技术创新的服务平台。如标准化方式的应用可以提高科技研发的效率与成功率，并以标准和体制的形式尝试将技术创新成果加以固化，进而通过质量基础的推广实施推动向现实社会生产力转化，提升自主技术创新的产业化发展水平，自主知识产权也就成为企业实现利益最大化的有力武器之一。正如已经讨论过的质量基础设施服务的影响研究，从提供基本的技术基础设施，创造市场条件，让消费者表达复杂的需求，并做出最终购买决定的基础上可靠的质量信号，对经济发展和创新过程形成多种方式的基础合力。国家质量基础设施机构，也代表国家创新系统的基本要素，帮助知识转移从研究到市场的应用和划定的质量维度，从而使创新实力优势企业能够在国际化的潮流中参与竞争。

政府通过发挥计量、标准化、认证认可、检验检测的技术支撑作用，搭建计量、标准化、检验检测和认证认可的专业技术平台，推出新产品，催生新业态，支持企业开展关键技术与质量共性技术攻关。加强计量检测公共服务平台建设提供计量测试校准检测服务。政府积极引导企业应用先进的计量测试技术，促进企业产品升级和技术创新；同时指导生产企业合理配置计量检测仪器和设备，加强应用和管理计量检测数据，实现对生产全过程的有效监控（Prajogo et al，2003）。政府通过建设农业质量安全保障体系、公共服务技术支撑体系、标准化政策法规体系服务企业发展，鼓励企业参加重要技术标准研制，增强话语权，突破技术性贸易壁垒，促进贸易发展（Okiror et al，2007）。认证认可可以从源头上确保产品质量安全、规范市场行为、提高企业的管理水平，促进对外贸易。

第七章

NQI 建设的政策建议与措施

国家质量基础是一项重要的技术基础与质量工具，通过完善计量基准与溯源体系、废除限制性过强的强制性标准，让自身标准协调对接国际贸易伙伴标准，建立起高质量水平的检测认证服务体系，这无疑可以提升国家自身的竞争力，推动双边、多边贸易持续发展。政府在建立与升级国家质量基础机构的过程中承担着重要使命与任务，也自然需要建立体现透明、开放、良好管理的质量中介机构组织体系，形成良性的社会化质量发展机制。做好国家质量基础的各项工作，需要各类制度法规、政府政策及参与主体的合法合规、创新发展。

就目前而言，全国已经基本建立起了包括国家级产品质量监督检验中心、省级和市县级质量技术监督检测机构的基础体系，但总体来看还不能满足当前质量监管工作的要求，质量基础设施建设也日益不能满足经济社会发展的需要。从发展阶段上看，是属于"跟跑"向"并跑"过渡阶段，新兴产业急需的计量基础标准和标准物质缺失，研究系统性不强、协同性不够，支撑产业发展和民生改善等重点领域的质量基础整体技术解决能力不足。因此必须在坚持完善具有中国特色质量监管制度的基础上，进一步夯实标准、计量、检验检测和认证认可这四大国家质量基础建设。同时应从国家战略高度加强顶层设计，制定实施中长期规划，通过改革创新、增加投入、优化政策环境、完善公共服务体系等，推动质量基础设施建设，强化国家质量治理基础，起到对制造业及国民经济社会发展的重要支撑作用。

第一节　总体政策建议

一、质量基础的技术组成方面

1. 加强各模块技术基础，提升创新驱动力

计量方面，加快完善国家计量基础标准和量传溯源体系，紧密结合新型工业化进程，建立并完善具有高精确度、高稳定性和与国际一致性的计量基础标准以及量值传递和测量溯源体系。标准化方面，针对基础通用和公益性标准供给不足，研究能源、资源节约与环境保护、重要领域安全、社会管理和公共服务等领域方面国家标准，为保障和改善民生、拓宽服务领域提供技术支撑。检测认证方面，搭建公共检验检测认证技术服务平台，为各行各业提供基准统一、通用开放、权威可信的资质评价服务与管理保障。稳步推进国

际互认，提高认证认可国际规则制定的参与度和话语权，提升中国认证认可国际影响力。加强国家级检测机构布局规划和口岸检测能力建设。

2. 促进质量技术的扩散及应用，加强科技创新平台建设

通过企业技术经营机制推动质量技术扩散，通过技术生产和不断的产品与服务输入输出，使质量技术在流动中重组与优化。加快质量安全战略研究和学科建设，加强与系统外科研机构与企业的合作，联合申报国家重点实验室和工程技术研究中心。围绕国家和区域发展战略开展基地布局规划，加快国家技术标准创新基地建设，整合优势资源，搭建标准化创新服务平台，为技术标准研制提供标准化服务，推动创新成果产业化、国际化。同时发挥质量技术机构、实验室技术网络作用和技术服务作用，营造质量科技资源共享机制，让全社会都能够分享质量科技进步的成果，推动质量科技成果转化（盛佃清，2007）。加强科技协作平台建设，形成科研合力，实现资源整合和成果共享，打造全国质量基础的设施体系格局。

3. 加强质量基础的技术集成应用，形成领域全链条

在解决上述重大科技问题的过程中，要加强国家质量基础的技术集成应用。突破我国计量、标准、检验检测、认证认可之间协同集成关键技术，在多个领域形成全链条的"计量—标准—检验检测—认证认可"整体技术解决方案，解决质量基础设施一体化服务能力薄弱的瓶颈，实现四大基础的整体性设计。"十三五"期间要通过质量基础设施专项的实施，改变以往计量、标准、检验检测、认证认可研究单兵作战的局面，以质量基础技术的融合实现创新组织

模式的协同联合，进而推动建立适应国家质量基础发展的体制改革，形成解决国家重大需求的合力，为经济社会长远发展奠定基础。计量方面，建立并完善具有高精确度、高稳定性和与国际一致性的计量基础标准以及量值传递和测量溯源体系；标准化方面，加快完善国家技术标准体系，加快强制性标准改革，不断提升标准的先进性、有效性和适用性；检验检测方面，要不断推进技术机构资源整合，优化检验检测资源配置，提高检验检测质量和服务水平，建设一批高水平的国家产品质量监督检验中心、重点实验室和型式评价实验室，创建国际一流技术机构；认证认可方面，要推动完善认证认可体系，提升认证认可服务能力，提高认证认可国际规则制定的参与度和话语权。四项基础性工作都不能放松。

二、质量基础的建设方面

1. 明确政府与市场的关系定位，加强政策扶持引导与资源投入

政府在建设质量基础的主要职责应在宏观政策引导与资金支持、制定规则和保障公平上，同时坚持相关机构的市场化改革取向，在公共服务领域发挥资源配置的决定性作用。计量方面，推动大、中型企业建立完善计量检测和管理体系，加强对计量检测数据的应用和管理，合理配置计量检测仪器和设备，积极采用先进的计量测试技术，推动企业技术创新和产品升级。标准化领域，鼓励企业实施先进标准，坚持把创新作为产业优化升级的根本动力，通过产品、管理、生产和服务各个环节的不断创新，提升产业的层次和

水平，引导企业将自主创新成果转化为标准。检测认证方面，进一步加大检验检测认证的推广力度，更好地为产品创新升级提供检验检测服务，提高检验检测认证手段与产业政策的联动效应。提高检验检测质量和服务水平，提升社会公信力。通过整合做大做强检验检测认证机构。培育一批技术能力强、服务水平高、规模效益好、具有一定国际影响力的检验检测认证集团。

2. 对接产业化发展需求，提升服务驱动力

计量方面，紧跟国际前沿计量科技发展趋势，针对国家战略性新兴产业发展、节能减排、循环经济、贸易公平、改善民生等计量新需求，加强计量标准体系建设，大力推进法制计量、工业计量、工程计量与能源计量监管的行业服务体系建设，培育和规范计量校准市场，加强计量检测技术的研究应用。研究精准快速的量值传递扁平化技术，推动先进计量技术服务于"中国制造2025"国家战略、"一带一路"倡议等。标准化方面，满足产业跨界融合发展对标准的需求，研究现代农业、制造业、战略性新兴产业以及现代服务业发展中的产业共性技术标准，支撑产业转型升级。开展我国优势特色产业和技术领域国际标准研究，以及中国标准境外适用性技术研究，增强我国在国际经济技术贸易等规则制定中的影响力。构建标准化科技支撑体系和公共服务体系，健全国家技术标准资源服务平台。推动科技、经济与标准紧密结合，大力推进科技创新成果的标准化（郎志正，2016）。同时检测认证方面，加快建立实施新能源、现代服务业等新领域认证认可制度，完善国家认证认可制度体系。参照国际通行规则，建立健全法律规范、行政监管、认可约

束、行业自律、社会监督相结合的认证认可管理模式。提高强制性产品认证的有效性，推动自愿性产品认证健康有序发展，完善管理体系和服务认证制度。进一步培育和规范认证、检测市场，加强对认证机构、实验室和检查机构的监督管理。

3. 重视质量基础科技人才培育与质量基础学科建设

夯实质量基础，既要不断加强质量法规体系建设，也要重视质量基础科技人才培育和质量基础学科建设。这既是质量基础的广义构成，也是夯实质量基础本身的保障。加强科技人才队伍建设，把人才资源开发放在质量科技创新最优先位置，改革人才培养、引进和使用机制，努力造就一批世界级水平的科学家、科技领军人才、工程师和高水平创新团队；加强人才国际交流，广泛吸引海外优秀专家学者为质量科技创新事业服务，形成一支高水平国家质量基础的人才队伍。特别是应将那些创新性、关键性制度设计转化为法律规则；加大质量科技投入，加强质量研究机构和质量教育学科建设，形成分层级的质量人才培养格局，培育一批质量科技领军人才，探索建立具有中国特色的质量管理理论、方法和技术体系，加大质量科技成果转化应用力度；加强质量基础方面的职工培训，提升产业工人的质量素养。

三、质量基础的治理方面

1. 建立完善相关法律法规与管理制度体系

开展质量监管与基础体系建设最主要相关的法律依据是我国

《计量法》《标准化法》《产品质量法》《检验检测机构资质认定管理办法》《认证认可条例》等相关法律法规，这些法律法规对提高我国产品质量，保护消费者合法权益，促进对外贸易，规范市场经济秩序，推进经济社会发展方面发挥了非常重要的作用。但是随着我国经济社会的发展和市场经济体制的逐步确立，《计量法》《标准化法》等法律法规的调整范围和处罚力度都显现出局限，不足以保证从更广的领域和更深的层面推进质量工作。《计量法》是我国改革开放后颁布比较早的一部技术经济法律，在结合我国已加入WTO 与国际贸易的时代发展后，计量管理与国际惯例接轨也已迫在眉睫；我国现行的《标准化法》在农业、服务业标准方面的规定仍有欠缺。如国务院法制办公室 2016 年 3 月就公布《中华人民共和国标准化法（修订草案征求意见稿）》公开征求意见通知，充分了解社会各方面对于标准化法案更新的意见与建议。因此，加强质量相关法律法规的修订和完善，包括制定与之配套的技术法规以构建适合我国市场经济发展要求的质量法规政策体系；同时借鉴国际通行规则，结合时代国情与产业发展政策，加强对质量基础系统的规划、管理和协调，完善相关制度体系，是推进质量基础建设、加强质量治理的重要前提。

2. 发展形成质量基础的联动协同工作机制

国内外的政策与建设实践证明，建立与完善"政府主导、企业融入、中介参与、社会支撑"的联动工作机制是符合质量基础工作规律的，只有调动政府、企业、科研院所、技术机构、中介组织和社会各界的积极性，才能最广泛地将建设质量基础设施的资源积聚起来，持续改造提升标准化、计量测试、质量检验、认证认可等质量基础环节，为质量进步奠定坚实的基础。这几方面的要素是一个有机整体：政府是推动者，为建设质量基础制定政策，提供条件，创造环境；企业是主体，是将自主创新成果融入企业产品与服务，并争取将企业质量上升为行业、国家乃至国际质量的关键因素；科研院所、技术机构则为建设质量基础的工作提供技术支撑和公共服务；社会各界的积极参与则营造了良好的氛围。这样质量基础工作的各系统要素才有正确定位，也形成全面协调的政策合力。

3. 加强国际间的协调与合作

质量基础已逐渐成为国际市场和贸易的共同语言的通行证，根据我国外贸发展战略和需要，要积极开展双多边合作，与主要贸易国家和质量基础体系实施较好的国家建立长效的合作机制，促进国家间质量体系的相互认同认可。同时基于平等、互惠、互利的原则，通过建立合作委员会具体实施并开展质量基础设施领域的交流与合作。如为了促进建立一套协调一致的质量基础设施，德国联邦经济与能源部（Bundesministerium für Wirtschaft und Technologie，BMWi）委托德国国际合作机构（Gesellschaft für internationale Zusammenarbeit，GIZ）实施的 2015 年中德质量基础设施项目，双方的合作伙伴既包括德国各联邦部委及其附属机构、工业协会、私营企业及研究机构，也包括中国的政府机关以及市场和质量监管、标准化及认证认可领域的研究机构，在专业领域内开展合作活动。协调与合作的双方可以以此为契机，在不断挖掘各自的需求和共同关注的领域过程中，探讨质量基础合作的新领域与新思路。特别是计量前沿领域、标准化体系新发展以及质量检测认证规范的交流与合作，在协调合作过程中通过发挥各自优势，互利互惠共赢，最终促进国际产品与服务贸易的发展。

第二节 具体领域的政策措施

一、质量基础设施与创新驱动发展战略

和国际领先检测认证机构相比，尽管国内部分发达地区也涌现出一批全国范围内具有一定网络优势和品牌影响力的知名检验检测认证服务机构，如中检集团、谱尼、华测等，但我国检测认证市场条块分割明显，导致绝大多数机构尚未形成网络优势，整体品牌影响力较小，服务业品牌化建设滞后。虽有少数检验检测机构已建成区域性品牌，但在全球范围内仍缺乏品牌影响力。而检测认证服务业作为技术密集型产业，服务网络、信誉和品牌仍是其主要的进入壁垒，也是行业内企业创新发展的关键因素。相较之下，我国检测认证服务业由于本身存在技术创新不足等问题，还未能与其他产业构成良性互动关系，无法很好地为其他产业创新发展提供良好的技术支撑环境。

要能充分发挥质量基础在提升竞争力上的驱动作用，还必须通过技术创新、创建品牌，推动标准国际化，形成核心竞争优势，提

升国际市场话语权。要充分发挥质量基础在对外贸易上的竞争作用，严格进出口产品质量把关，积极应对国外技术性贸易措施，推进国际贸易合作，保障经济安全。

同时在计量方面，针对国家战略性新兴产业发展、节能减排、循环经济、贸易公平、改善民生等计量新需求，加强计量标准体系建设，大力推进法制计量，全面加强工业计量，培育和规范计量校准市场，加强计量检测技术的研究应用。推动大、中型企业建立完善计量检测和管理体系，加强对计量检测数据的应用和管理，合理配置计量检测仪器和设备，积极采用先进的计量测试技术，推动企业技术创新和产品升级。提升计量服务能力，建设一批重大精密测量基础设施，建立完善国家计量科技创新基地和共享服务平台。尽快形成适应经济社会发展的计量体系。

在标准化方面，构建标准化科技支撑体系和公共服务体系，健全国家技术标准资源服务平台。推动科技、经济与标准紧密结合，大力推进科技创新成果的标准化。要加强技术标准体系建设，抓紧组织修订一批急需的强制性标准，缩短标准制修订周期，提升标准的先进性、有效性和适用性。为支撑产业转型升级，开展我国优势特色产业和技术领域国际标准研究，以及中国标准境外适用性技术研究，增强我国在国际经济技术贸易等规则制定中的影响力。

检验检测与认证认可方面，加强政府实验室和检测机构建设，对涉及国计民生的产品质量安全实施有效监督。优化检验检测资源配置，建设检测资源共享平台，完善食品、农产品质量快速检验检测手段，提高检验检测能力。建立健全科学、公正、权威的第三方检验检测体系。对技术机构进行分类指导和监管，规范检验检测行为，促进技术机构完善内部管理和激励机制，提高检验检测质量和服务水平，提升社会公信力。通过整合做大做强检验检测认证机构。培育一批技术能力强、服务水平高、规模效益好的具有一定国际影响力的检验检测认证集团。进一步培育和规范认证、检测市场，加强对认证机构、实验室和检查机构的监督管理。搭建公共检验检测认证服务平台，为各行各业提供基准统一、通用开放、权威可信的资质评价服务与管理保障。稳步推进国际互认，提高认证认可国际规则制定的参与度和话语权，提升中国认证认可国际影响力。

二、标准化与"一带一路"倡议的对策建议

2015 年 10 月，我国发布了标准联通"一带一路"行动计划（2015—2017），为"一带一路"标准化工作指明了方向。为了推动"一带一路"沿线国家标准的联通，推动中国标准走出去，从而推动中国制造走出去，必须首先建设好我国必先建设好本国的国家质量基础设施，完善标准化的法律法规体系，加快培育检验检测和认证认可机构，加大对标准研究和制定的投入，加强标准化人才的培养，形成科学有效的、对产业结构调整和制造业升级具有强有力支撑作用的标准化体系，充分发挥标准"树标杆"的引领作用和标准"划底线"兜底作用。同时，政府部门必须充分认识到企业在标准化建设中的关键作用，积极开拓渠道让更多企业参与到国家标准的制定中来，让先进企业的先进标准转化为国家标准的有机组成部

分，从而增强国家标准的权威性与认可程度。

其次，我国要在坚持"共商、共建、共享"原则的基础上，积极寻求与"一带一路"沿线国家共同寻求利益契合点，加强各国在标准、计量、检验检测、认证认可以及检验检疫等方面的交流合作，特别是在铁路、航天、工程机械、船舶、海洋、信息技术、航天、工程机械等事关我国制造业转型升级大局的重点领域，共同研究构建稳定通畅的标准化合作机制，探索形成沿线国家认可的标准互认程序与工作机制，共同制定各领域各行业的标准，加快推进标准互认工作，推动研制一批有优势的高端装备的国际标准，从而在"一带一路"上唱响"中国标准"，助力中国制造走出去。

再者，在推进"一带一路"沿线国家标准联通的过程中，必须注重加强与国际标准组织之间的合作与交流，吸收国际通行标准的有益成分，与国际通行标准保持一致。并且，积极参与制定国际标准，增强"一带一路"沿线国家在国际标准制定中的话语权，逐渐推动"一带一路"标准的国际化，促使"一带一路"标准逐渐被国际标准体系所接受，推动"一带一路"沿线国家由国际标准的追赶者转变为某些领域的引领者，提升"一带一路"沿线国家产品在国际市场上的竞争力。

企业是市场的主体，也应该是标准制定与实施的主体。除了促进各国政府之间的合作外，在推进实施"一带一路"国家战略中，广大企业要积极运用标准化手段，提升参与国际标准化活动的能力水平，以中国标准"走出去"带动中国产品、服务、装备和技术"走出去"。由于中国在国际标准中的话语权仍然很弱，相关机构和企业应寻求从国际标准的学习者到参与者再到主导者的角色转变，推动中国标准与中国设计、中国制造和中国资本的深度融合。例如，中兴通讯和深圳华为两家企业在国际标准领域已经掌握了一定程度的话语权，成为国内企业走向国际标准舞台的典范。

研究表明，出于企业内部改进的动机进行的标准认证比出于满足强制性标准要求的动机使企业获益更多，并且通过培训企业内部标准化人才从而促进企业的标准化水平的方式比通过外部咨询的方式使企业获益更多。因此，企业充分认识到标准的重要性，认识到标准对于完善企业的内部管理及提高企业产品的市场竞争力的作用，在企业的生产经营者自觉向高标准看齐，建立和完善企业内部质量管理体系，提高技术创新和工艺创新水平。同时要积极培育标准化人才，充分了解国内及进口国的标准要求，从企业自身条件出发量力而行进行检验检测认证认可，从而提高产品的质量水平并增强产品的品牌效应，推动中国企业和中国制造走出去。

三、检验检测与制造业升级

从前面章节的检测认证服务业与制造业的互动研究过程中，可以发现无论是时间维度的滞后累积、逐渐超前、延长周期特征，还是空间维度的要素偏好、总体分散要素偏好、总体分散但局部集聚、协同集聚深化特征，均体现了两个产业之间存在显著的互动关系。检测认证服务业能够促进制造业转型升级、提质增效，但目前检测认证服务业对制造业的依存度大于带动力，还没能完全发挥作用。因此，需要围绕法律法规、业务领域、人才队伍、创新驱动扶持政策等方面提出以下建议：

1. 完善标准体系与相关法律法规

目前中国在节能、环保网络购物安全、手机辐射等安全、手机辐射等安全、手机辐射等多个领域都或多少缺乏技术标准，按照国际先进标准完善所有领域的技术标准，提供统一、科学完善所有领域的技术标准，提供统一、科学、严密的认证机制并严格执行，进而维护消费者利益，提高企业的竞争优势。另外，顺应目前检测认证服务业的发展动向，充分借鉴发达国家经验为机构顺应目前检测认证服务业的发展动向，充分借鉴发达国家经验为机构专门立法，深入开展前期研究并梳理现有的相关条款专门立法，规范市场不同主体，补充完善有缺漏的规章条款，形成全面、系统、严谨的检测认证法律体系。

2. 深化检测认证服务业改革

进一步推动检测认证服务业市场化程，有序开放降低准入门槛积极拓展第三方服务，优化市场环境极拓展第三方服务，优化市场环境，这样才能满足未来制造业日益庞大的需求，提高产品质量，以形成检测认证服务业与制造良性互动、质量，以形成检测认证服务业与制造良性互动、互利赢的发展格局。同时，积极引进国外企业学习经验鼓励开拓海外市场。

3. 加强战略性新兴产业、新一代信息技术领域的检测认证体系建设

战略性新兴产业、新一代信息技术是我国建设创新型国家的必

然重点，那质量工程自然也不能落后，目前这些领域十分缺乏有针对性的检验测认证可服务。因此，针对战略性新兴产业、新一代信息技术，完善这些领域的检验检测认证认可技术，搭建专业质量检测平台进而提高验证能力。

4. 培养高技术素质有创新能力的人才与团队

依托各地科研实力较强的重点高校、实验室、研究所等组织机构，或结合当地优势产业，建立大型多功能地优势产业，建立大型多功能系统化的公共检测平台，鼓励公共检测平台，鼓励国内高校、研究所、国际组织与机构进行深入产学研合作，完善技术支撑服务与机构进行深入产学研合作，积极开展对国外检测认证相关的法规、标准和合格评定程序法规制定情况的跟踪研究，提升检测认证机构的标准研发能力。针对目前检测认证服务业高技术人才流失率较高的现状，考虑以项目为载体引进高技术人才帮助企业解决问题，构建完整有吸力的培养体系与评价体系，完善绩效考评与薪酬福利机制，吸引高端人才集聚。

5. 加强领军企业培育

加强领军企业的培育，有利于整合产业功能、细分市场、规范工业合作秩序，为龙头企业的成长与发展创造优良的生态环境。结合各个地区检测认证服务业的发展现状及特点，以当地已有的且具备较强竞争力的检测认证企业为重点关注对象，促进检测认证企业跨地区、跨层级、跨领域整合协作，在全国范围内培养发展多个拥有核心竞争力的检验检测认证品牌以及领军企业。

6. 构建合理的检测认证服务业空间格局

检测认证服务业具有市场偏好、区域异质性局部关联集聚等特点，因此针对不同地区制造业结构所呈现的需求特点来确定本地检测认证服务业的发展方向，尽可能覆盖每一个地区。同时，对于局部检测认证服务业的关联产业集聚地区更要重点覆盖，规划建设业务领域对应、基础条件较好、规模效应突出的检测认证服务业集聚区，以带动当地优势制造转型升级。检测认证机构由于服务范围覆盖不同，最高提供的服务范围广，需要大的市场需求支撑，因此会呈现产业空间层级体系，应当主要布局中心城市。随着层级降低空间也往小区域深入，建设适应当地特色制造业的检验检测认证机构。

7. 创新驱动检测认证服务业发展

创新驱动检测认证服务业发展包括两个重点：一是在检测认证方法、仪器设备精度提升与更新等方面的技术创新，二是借鉴国外检测认证服务业的巨头管理模式。在技术创新方面，打造"互联网＋检验测"新业态，借助大数据、云计算、物联网等互联网衍生手段，搭建一个为用户量身定制、线上下无缝对接的综合服务平台。在创新管理模式上，集团化、加盟商等模式在国外检测认证服务业已取得很好的实践，中国可以取其精华、培育龙头企业、组建产业联盟，进而提高产业的市场集中度。

8. 鼓励各级政府对检测认证服务业颁布更多扶持政策

给予国内机构在税收、人才融资等方面的政策优惠，积极发挥财政资金的杠杆作用，完善税收优惠体系，引导和推动社会资金投向检测认证服务业，加强金融支持。例如，设立检测认证服务业专项发展基金，运用贷款、贴息补助和奖励等方式，支持检测认证企业研发创新、做大做强，尤其是中小微机构，提升企业竞争能力。

第三节 本章小结

随着全面深化改革开放的进一步深入，了解我国的质量基础设施体系现状，构建我国质量基础的框架体系，并充分利用国际质量互认框架下的保护条款与认证系列标准促进企业的技术创新、产业转型升级及产品服务的进出口贸易无疑具有重要的现实意义。本章尝试从质量基础的技术组成、政府引导与服务以及治理层面提出一些总体政策建议，同时结合质量基础与创新驱动发展战略、标准化与"一带一路"、检验检测与制造业升级等具体领域给出具体的对策建议，以适应质量强国战略的大力实施。

参考文献

［1］ AXEL, M. & TILMAN D. 2013. Exploring business benefits of internationally recognized certifications – empirical evidence from a global company survey ［C］. Brussels, Belgium：European academy for Standardisation, 2013：247 – 261.

［2］ BAKHTIAR, A. The evaluation of National Quality Infrastructure System in Indonesia. IEEE 2014 International Symposium on Technology Management and Emerging Technologies (ISTMET) ［C］. Bandung, Indcnesia：IEEE, 2014：1 – 167.

［3］ BIRHANU, B. & EPHREM, G. & ASSEFA et al. Modelling macroeconomics of quality ［J］. International Journal of Productivity and Quality Management, 2015, 16（1）：1 – 13.

［4］ BLIND K. The impact of standardization and standards on innovation ［D］. Berlin：Rotterdam School of Management, 2013.

［5］ CHOI, D. G. & HYUN, O. S. & HONG, et al. B. G. Standards as catalyst for national innovation and performance-a capability assessment framework for latecomer countries［J］. Total Quality Management & Business Excellence, 2014, 25 (9 – 10): 969 – 985.

［6］CLOUGHERTY, J. A. & GRAJEK, M. International standards and international trade: Empirical evidence from ISO9000 diffusion ［J］. International Journal of Industrial Organization, 2014, 36: 70 – 82.

［7］GONCALVES J. The roles of national quality infrastructure toward the sustainable production of biofuels in Africa ［J］. African Journal of Economic and Sustainable Development, 2012, 1 (2): 131 – 145.

［8］GONçALVES, J. & GöTHNER, K. C. & ROVIRA, et al. Measuring the impact of quality infrastructure in Latin America: Experiences, achievements and limitations ［R］. Berlin: Physikalisch-Technische Bundesanstalt, 2015.

［9］GUJADHUR, S. K. & GHIZZONI, L. Export quality management programme ［J］. International Trade Forum, 2010 (3): 37.

［10］CHOUNG, J. Y. & JI, I. Y. TAHIR, et al. International standardization strategies of latecomers: the cases of korean TPEG, T – DMB, and Binary CDMA ［J］. World Development, 2011, 39 (5): 824 – 838.

［11］KIM, D. Y. & KUMAR, V. & KUMAR, et al. Relationship between quality management practices and innovation ［J］. Ournal of

Operations Management, 2012, 30 (4): 295 –315.

[12] LAPAN, H. & MOSCHINI, G. Quality certification stand-ards in competitive markets: When consumers and producers (dis) a-gree [J]. Economics Letters, 2009, 104 (3): 144 –147.

[13] OKIROR, J. The impact of standardization (public and in-dustry) on product innovation, market access and foreign trade: with specific reference to South Africa [D] . Western Cape: University of the Western Cape, 2007.

[14] PARK, J. & BAHNG, G. W. & CHOI, et al, J. The role of metrology communities under the WTO system: measurement science and conformity assessment procedures [J] . Accreditation and quality assur-ance, 2010, 15 (8): 445 –450.

[15] PRAJOGO, D. I. & SOHAL, A. S. The relationship between TQM practices, quality performance, and innovation performance: An empirical examination [J] . International journal of quality & reliability management, 2003, 20 (8): 901 –918.

[16] REDGRAVE, F. & HENSON, A. Metrology: who benefits and why should they care? [J] . Ncsli Measure, 2006 (30) .

[17] RENARD, M. C. Quality certification, regulation and power in fair trade [J] . Journal of rural studies, 2005, 21 (4): 419 –431.

[18] SCHILLING, J. & CRANOVSKY, R. & STRAUB, et al. Quality programmes, accreditation and certification in Switzer-land. International [J]. Journal for Quality in Health Care, 2001, 13

(2): 157 – 161.

[19] SCHMID, W. & LEITNER, A. Cooperation in development of national metrology infrastructure within EURAMETR. America Tennessee: NCSL International Workshop and Symposium, 2009.

[20] SIMIONESCU, M. Quality management of test and measurements results: From National Standards to the end user [C]. Riode Janeiro, Brazil: TC8 Proceedings of IMEKO World Congress, 2006.

[21] SINGH, P. J. & POWER, D. & CHUONG, et al. A resource dependence theory perspective of ISO9000 in managing organizational environment [J]. Journal of Operations Management, 2011, 29 (1): 49 – 64.

[22] TERLAAK, A. & KING, A. A. The effect of certification with the ISO9000 Quality Management Standard: A signaling approach [J]. Journal of Economic Behavior & Organization, 2006, 60 (4): 579 – 602.

[23] TICONA, J. M. & FROTA, M. N. Assessment of the economic impact of product certification: A significant area of application of measurement [J]. Measurement, 2008, 41 (1): 88 – 104.

[24] TICONA, J. M. & FROTA, M. N. Economic impact of quality certification of industrial products on the Brazilian domestic market [C]. Rio de Janeiro: XVIII IMEKO World Congress, 2006.

[25] TIMMERMANS, S. & EPSTEIN, S. A world of standards but not a standard world: toward a sociology of standards and standardi-

zation ［J］. Annual review of Sociology, 2010 (36)：69 - 89.

［26］CHRISTINA, T. & RACINE, J. L. The national quality infrastructure：a tool for competitiveness, trade, and social well - being. Innovation, technology, and entrepreneurship global practice brief ［R］. Washington, D. C.：World Bank Group, 2013.

［27］VAZQUEZ, A. M. Quality Certification, Institutions and Innovation in Local Agro - Food Systems：Protected Designations of Origin of Olive Oil in Spain ［J］. Journal of Rural Studies, 2005, 21 (4)：475 - 486.

［28］WIPPLINGER, G. & PHONGSATHORN, V. & WATANA-KEEREE, et al. Quality infrastructure：a vital aspect of business environment for enterprise development-A case of Thai fresh fruit and vegetables industry ［C］. Bangkok, Thailand：Thai - German Programme for Enterprise Competitiveness, 2006.

［29］徐建华. 夯实质量技术基础推进质量强国建设 ［N］. 中国质量报, 2016 - 01 - 11 (002) .

［30］徐建华. 全面提升国家质量基础技术水平 ［N］. 中国质量报, 2015 - 03 - 16 (002) .

［31］徐建华. 全面提升国家质量基础技术水平 ［N］. 中国质量报, 2015 - 03 - 16 (002) .

［32］卞靖. 发达国家市场监管体系建设的发展历程、共同特征及相关启示：以社会性监管为例 ［J］. 当代经济管理, 2015 (1)：1 - 6.

[33] 蔡正平. 我所亲历的初创时期的国家计量局：从国家计量局成立至一机部工具院并入国家计量局 [J]. 中国计量，2013 (8)：60 – 61.

[34] 曾思蜀，李玲娟，曾明彬. "十三五"战略性新兴产业：全球化特征明显 [J]. 中国战略新兴产业，2016 (1)：42 – 44.

[35] 陈淑梅. 欧盟的区域标准化战略 [J]. 标准化研究，2006 (5)：21 – 24.

[36] 程虹，陈昕洲，罗连发. 质量强国战略若干重大问题研究 [J]. 宏观质量研究，2013 (3)：1 – 14.

[37] 程虹，李丹丹. 中国质量出现转折：我国质量总体状况与发展趋势分析 [J]. 宏观质量研究，2014 (2)：28 – 37.

[38] 程虹，李艳红. 质量：新常态下的新动力：基于2014年宏观质量观测数据的实证分析 [J]. 宏观质量研究，2015 (1)：56 – 66.

[39] 邓洲. 中国企业技术标准战略研究 [J]. 南京大学学报（社会科学版），2010 (2)：113 – 123.

[40] 范洲平. 标准化经济效益评价模型研究 [J]. 标准科学，2013 (8)：26 – 29.

[41] 高富荣. 计量为中小企业转型升级保驾护航 [J]. 中国计量，2011 (6)：37 – 38.

[42] 高胜普，杨艳. 标准化的经济和社会效益分析 [J]. 大众标准化，2006 (3)：58 – 59.

[43] 高晓红，康键. 主要发达国家质量监管现状分析与经验

启示 [J]. 世界标准化与质量管理, 2008 (10): 4-8.

[44] 高新才. 区域经济与区域发展 [M]. 北京: 人民出版社, 2002: 10-17.

[45] 葛思扬. 千里之行始足下万仞高山起微尘: 进一步加强我国质量基础建设 [J]. 中国质量技术监督, 2014 (12): 54-56.

[46] 赓金洲. 技术标准化与技术创新、经济增长的互动机理及测度研究 [D]. 长春: 吉林大学, 2012.

[47] 耿维明. 加强计量服务与保障能力建设 [J]. 中国计量, 2013 (5): 19-21.

[48] 郭朝先, 王虹, 谢圣利, 等. 国际检验认证行业发展的基本模式及其启示 [J]. 中国市场, 2012b: 82-88.

[49] 郭朝先, 王虹, 谢圣利. 第三方检验认证行业竞争力评价研究 [J]. 学习与实践, 2012a (02): 32-39.

[50] 郭钧. 技术标准化对产业创新的影响机理研究 [J]. 前沿, 2014 (Z5): 116-117.

[51] 郭占元. 管理学理论与应用 [M]. 北京: 清华大学出版社, 2015: 50.

[52] 国家质检总局举办"国家质量基础"研讨会 [J]. 铁道技术监督, 2014 (9): 69.

[53] "国家质量基础: 标准、计量、合格评定创新发展与提质增效"研讨会在京召开 [J]. 江苏现代计量, 2014 (9): 6.

[54] 中国标准研究院. 2013 中国标准化发展研究报告 [M]. 北京: 中国质检出版社, 2014.

[55] 国务院关于印发计量发展规划（2013—2020 年）的通知 [J]. 工业计量, 2013 (2)：1 – 7.

[56] 韩晓波, 李艳. 企业要发展计量是基础 [J]. 工业计量, 2005 (S1)：337 – 338.

[57] 郝鹏, 王爱国. 关于检验检测机构市场化运作的探讨：全面深化改革背景下质检机构转型发展路径分析 [J]. 中国质量技术监督, 2014 (9)：52 – 53.

[58] 郝欣, 刘鑫. 创新产品认证制度服务"一带一路"建设 [J]. 质量与认证, 2015 (6)：28 – 29.

[59] 黄芳. 上海公共检测体系建设的对策研究 [D]. 上海：上海交通大学, 2007.

[60] 黄群慧, 李晓华. 中国工业发展"十二五"评估及"十三五"战略 [J]. 中国工业经济, 2015 (9)：5 – 20.

[61] 计量是重要的国家质量基础设施之一：支树平局长在中央党校春季班上的报告（摘发）[J]. 中国计量, 2015 (8)：5 – 6.

[62] 姜春霞. 浅谈标准化的经济效益和社会效益 [J]. 中国新技术新产品, 2014 (20)：157.

[63] 姜红, 陆晓芳, 余海晴. 技术标准化对产业创新的作用机理研究 [J]. 社会科学战线, 2010 (9)：73 – 79.

[64] 金碚, 王燕梅, 陈晓东. 检验认证的经济学性质及其行业监管：基于对中国检验认证机构的考察 [J]. 经济管理, 2012 (1)：1 – 10.

[65] 柯俊帆, 刘宁. 中国标准化战略发展现状及实施策略

[A]. 国家标准化管理委员会. 市场践行标准化：第十一届中国标准化论坛论文集 [C]. 国家标准化管理委员会，2014：4.

[66] 柯里斯蒂娜·蒂普曼，粟志敏. 国家质量基础的构成要素（上）：2013 年世界银行发布报告 [J]. 上海质量，2014（8）：34－36.

[67] 邝兵. 标准化战略的理论与实践研究 [D]. 武汉：武汉大学，2011.

[68] 郎志正. 标准化发展与改革的思考：学习五中全会《建议》[J]. 中国标准化，2016（1）：70－74.

[69] 李金华. 德国"工业4.0"背景下中国制造强国的六大行动路径 [J]. 南京社会科学，2016（1）：8－16.

[70] 李满力. 计量质量相互促进相互制约：关于计量与建设质量强国的几点思考 [J]. 中国计量，2014（4）：25－26.

[71] 李项华，韩冰. 自强不息刚柔相济：访中国计量科学研究院副院长段宇宁 [J]. 中国计量，2015（5）：29－31.

[72] 李志德. 中国产品质量发展的长效机制研究 [D]. 武汉：武汉大学，2012.

[73] 梁元婷. 新常态下深圳实施"大标准"战略的思考 [A]. 中国标准化协会. 标准化改革与发展之机遇：第十二届中国标准化论坛论文集 [C]. 中国标准化协会，2015：6.

[74] 刘春青. 欧洲标准化发展新动向分析 [J]. 欧盟与中国·福建：跨文化对话国际学术研讨会论文集，2006：173－178.

[75] 刘辉，刘瑾. 标准化对浙江产业集群技术创新影响机理

研究 [J]. 科技进步与对策, 2012, 29 (19): 63 - 66.

[76] 刘景林. 论基础结构 [J]. 中国社会科学, 1983 (1): 73 - 87.

[77] 刘三江, 刘辉. 中国标准化体制改革思路及路径 [J]. 中国软科学, 2015 (7): 1 - 12.

[78] 刘旭红, 陈杭杭, 徐学林. 从"一穷二白"到"共和国的宝贝": 中国计量科学研究院 60 年科技事业发展回眸 [J]. 中国计量, 2015 (3): 24 - 28.

[79] 刘育红. "新丝绸之路"经济带交通基础设施、空间溢出与经济增长 [D]. 西安: 陕西师范大学, 2012.

[80] 刘志彪. 发展现代生产者服务业与调整优化制造业结构 [J]. 南京大学学报 (社会科学版), 2006 (05): 43 - 52.

[81] 卢祝华, 刘旭红, 陈杭杭. 紧跟计量前沿发展服务国家战略需求: 中国计量院重大科技成果一览 [J]. 中国计量, 2015 (7): 8 - 12.

[82] 马靖. "计量基础设施及能力建设国际研讨会"在京举行 [J]. 中国计量, 2014 (1): 16.

[83] 迈克尔·波特. 国家竞争优势 [M]. 李明轩, 邱如美, 译. 北京: 华夏出版社, 2002.

[84] 裴长洪, 于燕. "一带一路"建设与我国扩大开放 [J]. 国际经贸探索, 2015 (10): 4 - 17.

[85] 蒲长城.《新中国计量史》: 一部纪实性的计量事业发展史 [J]. 中国计量, 2014 (6): 14 - 15.

[86] 钱家骏，毛立本. 要重视国民经济基础结构的研究和改善 [J]. 经济管理，1981 (3)：12 – 15.

[87] 邱钟华. 国内外检测市场及组织发展趋势 [J]. 质量与标准化，2014 (5)：4 – 47.

[88] 李克强在首届中国质量（北京）大会上的讲话 [J]. 中国质量万里行，2014 (10)：2 – 5.

[89] 尚晓丽，白鑫. 计量检测技术现状及其对策 [J]. 企业改革与管理，2014 (24)：190.

[90] 盛佃清. 质量进步评价与政策研究 [D]. 太原：山西大学，2007.

[91] 施颖，丁日佳. 产品质量安全监管体制的国际比较与启示 [J]. 北京行政学院学报，2015 (2)：54 – 61.

[92] 史璐. 政府管制经济学 [M]. 北京：知识产权出版社，2012：35 – 40.

[93] 苏敬，关增建. 中、日、美国家计量管理体系比较研究 [J]. 科学，2002 (3)：40 – 42，2.

[94] 粟志敏. 国家质量基础的构成要素（下）：2013 年世界银行发布报告 [J]. 上海质量，2014 (9)：38 – 41.

[95] 孙霞云. 加强引智合作夯实质量基础 [N]. 中国质量报，2015 – 02 – 13 (001).

[96] 提升计量保障能力有效服务科学发展推动提质增效升级 [N]. 中国质量报，2014 – 09 – 03 (006).

[97] 汪传雷，许冰凌. 我国检测服务业发展现状、问题及对

策 [J]. 技术与市场, 2013 (5): 297 – 302.

[98] 汪莉. 经济转型中的国家标准化政策选择 [J]. 中国人民大学学报, 2011 (4): 100 – 107.

[99] 王金玉. 国外标准化战略及其对我国的影响 [J]. 世界标准信息, 2003 (2): 4 – 9.

[100] 王竞楠. 德国标准化与德国崛起 [D]. 济南: 山东大学, 2013.

[101] 王腊芳, 李细梦, 何江. "十三五" 时期我国检验检测服务业发展战略研究 [J]. 经济纵横, 2015 (5): 11 – 16.

[102] 王平. 国内外标准化理论研究及对比分析报告 [J]. 中国标准化, 2012 (5): 39 – 50.

[103] 王平. 再论标准与标准化组织的地位和作用 (二): 国家、国际标准化组织的产生发展以及 WTO 的影响 [J]. 标准科学, 2011 (3): 8 – 13.

[104] 王平. 再论标准与标准化组织的地位和作用 (一): 早期工业革命中的企业标准化和民间标准化组织 [J]. 标准科学, 2011 (2): 4 – 10.

[105] 王全永. 中国标准 "走出去" 初探 [J]. 中国标准化, 2015 (7): 79 – 83.

[106] 王艳红. 发达国家质量监管体系及对我国的启示 [J]. 行政与法, 2012 (3): 122 – 125.

[107] 沃尔夫冈·施威茨, 苏红. 计量基础设施: 来自地区、国家、区域及全球的挑战 [A]. 中国计量测试学会. 中国计量论坛

论文集 [C]. 中国计量测试学会, 2005: 8.

[108] 吴锦圆, 张爱芹. 提升企业产品质量与经济效益的标准化措施 [J]. 质量与标准化, 2011 (5): 35 - 37.

[109] 程虹, 李丹丹, 罗连发. 2012 年中国质量发展观测报告 [J]. 宏观质量研究, 2013 (1): 1 - 32.

[110] 罗连发, 陈昕洲, 李艳红, 等. 2013 年中国质量发展观测报告 [J]. 宏观质量研究, 2014 (2): 11 - 27.

[111] 新时期质量工作的行动纲领: 全国质检系统认真贯彻学习习近平总书记 "三个转变" 重要论述 [J]. 中国质量技术监督, 2014 (6): 6 - 7.

[112] 熊勇. 产业转型升级期技术标准战略的作用及对策研究 [D]. 广州: 华南理工大学, 2013.

[113] 许增德. 国家质量基础: 认证认可事业的发展 [J]. 上海质量, 2015 (12): 11 - 14.

[114] 杨丽娟. 标准与国际贸易: 理论与中国的经验证据 [D]. 上海: 复旦大学, 2013.

[115] 游艳玲. 推进一带一路建设认证认可在 "路" 上 [J]. 质量与认证, 2015 (6): 24 - 27.

[116] 于连超. 京、沪、深三地标准化战略比较分析及其启示 [J]. 中国标准导报, 2015 (1): 52 - 54.

[117] 余瀛波. "一带一路" 认证认可标准差异障碍亟待打通 [J]. 质量探索, 2015 (9): 1 - 3.

[118] 翟博洋, 乔东, 谭晓东. 浅谈我国检验检测机构资源整

合及发展 [J]. 现代测量与实验室管理，2013 (5)：17，41-44.

[119] 翟桂萍，苏杨珍，蒋瑛. 公共物品财政供给的制度基础 [M]. 天津：天津人民出版社，2014.

[120] 张宏，乔柱，孙锋娇. 标准化对经济效益贡献率的对比分析 [J]. 标准科学，2014 (6)：16-20.

[121] 张佳军. 我国产品认证及其规制研究 [D]. 西安：西北大学，2009.

[122] 张莉. 中国技术标准化的发展现状与对策 [D]. 长沙：长沙理工大学，2013.

[123] 张庆. 产品质量责任法律风险与对策 [M]. 北京：法律出版社，2005：11-12.

[124] 张绍旺. 抢抓机遇将计量融入云南"一带一路"发展战略 [J]. 中国计量，2015 (9)：40-41.

[125] 张琬林，唐明. 计量检测技术发展现状及对策 [J]. 化工管理，2015 (23)：185.

[126] 张研，赵树宽，赵航. 技术标准化对产业创新的作用机理研究 [J]. 吉林大学社会科学学报，2012 (3)：108-116.

[127] 赵可金. "一带一路"的中国方略研究 [J]. 新疆师范大学学报（哲学社会科学版），2016 (1)：2，22-33.

[128] 赵苗. 我国质监系统质量检验机构市场化改革对策研究 [D]. 天津：天津大学，2014.

[129] 赵树宽，鞠晓伟，陆晓芳. 我国技术标准化对产业竞争优势的影响机理研究 [J]. 中国软科学，2004 (1)：13-17，78.

［130］赵子军.标准化助推"一带一路"［J］.中国标准化，2015（4）：23-26.

［131］中国质量走向世界：中国国家质检总局局长支树平在中国质量（北京）大会上的演讲（2014年9月15日）［J］.中国质量万里行，2014（10）：2-5.

［132］朱美娜.夯实计量基础完善中国特色计量工作理论［J］.中国计量，2014（5）：17-19.

［133］紫叶.把发展推向质量时代［J］.上海质量，2014（9）：1.

附　录

附录 1

关于商请协助开展专题调研活动的函

尊敬的　　　　：

根据国家认证认可监督管理委员会的部署与要求，《国家质量基础设施相关基础理论研究》是中山大学承担的认监委专门委托课题，该课题将为认监委下一步制定政策提出意见和建议。我课题组拟在广泛调研的基础上，研究广州质量技术监督机构的现状与发展，收集地方质量技术监督机构和质量基础制度建设和管理经验，增强课题研究的前瞻性、科学性与可行性。

为做好该课题的研究工作，专题调研组拟于近期前往贵处开展调研活动，主要采取访谈的方式进行，届时希望贵单位相关同志予以支持和介绍情况，望贵单位给予协助为盼！

中山大学管理学院

××年×月×日

（联系人：×××　　联系电话：×××）

附录2

主要调研内容：

1. 广州市质量基础设施建设（质量技术监督机构、行业协会或企业建设）的现有制度体制；

2. 广州市质量基础设施建设（质量技术监督机构、行业协会或企业建设）的现状，取得成就的经验总结，面临的主要困难和突出问题等；

3. 广州市质量基础建设的重点工作内容和重点行动计划；

4. 广州市质量基础建设对企业的现实指导作用体现，如何为经济社会创造价值；

5. 广州市"十三五规划"质量基础发展的规划和政策取向；

6. 广州质量基础建设的相关文档资料等。

主要访谈问题：

一、政府部门

1. 政府、企业、行业协会在质量基础建设中担负着什么样的角色和作用、资金投入情况？（根据情况引导展开）

2. 政府对于质量基础建设的管理和服务措施有哪些？（有请举例说明）

3. 质量基础建设的涵括机构有哪些，而与社会实际需求数量的差距有多少？

4. 质量基础建设发展过程中需要多部门多机构整合，其难点在哪里？（举例）

5. 质量基础建设的发展历史数据，前景如何，发展目标？（关键事件）

二、行业协会

1. 质量基础建设的行业总体状况如何？（根据情况引导展开）

2. 质量基础建设行业发展存在的主要问题，中国与部分发达国家存在的差异、差距如何？体现在哪？（根据情况引导展开）

3. 在行业发展过程中，行业协会是怎样充分发挥作用的？协会发展过程中还存在哪些问题？如何解决？（有请举例说明）

4. 政府、企业、行业协会对质量基础建设的资金投入情况？（关键事件）

三、其他质量基础建设涉及企业或机构

1. 质量基础设施在企业发展中处于什么样的地位？企业对各类质量基础的接受态度如何？与被服务企业与之间存在什么样的问题，希望如何解决？

2. 质量基础建设涉及企业经营过程中面临的市场需求问题有哪些？（举例）

3. 质量基础建设涉及企业经营过程中面临的市场竞争状况和问题有哪些？

4. 政府的政策和监管存在哪些问题？质量基础建设涉及企业对政府的政策和监管有哪些意见和建议？（请补充关键事件）

5. 企业对政府或者行业协会有哪些期望？（根据情况引导深入展开）

后 记

　　2015 年，中国国家认证认可监督管理委员会政策与法律事务部委托我进行一项前沿性政策研究，即"国家质量基础设施相关基础理论研究"，本书正是基于这项研究成果。那时候，"国家基础设施"这一概念给人们的印象是指交通运输、机场、港口、邮电、供水供电，以及环境保护、文化教育、卫生事业等公用工程设施和公共服务设施之类，所以国家认证认可监督管理委员会政策与法律事务部提出研究"国家质量基础设施"这一概念及其相关理论，是非常具有远见卓识的。尽管在后来的国家部委机构改革中，三局合一成立了新的国家市场监督管理总局，原国家认证认可监督管理委员会政策与法律事务部不复存在，但他们的贡献是永存的：最早提出国家质量基础设施相关基础理论研究。

　　记得"国家质量基础设施"一词刚刚在国内提出时人们并不理解，那年我的学生聂伟凡选择此课题做毕业论文，他告诉我答辩现场就有质疑"只听说过基础设施，哪有什么质量基础设施"？然而随着当代新一代信息技术与实体经济的交汇融合，新市场、新业态、新组织形式、新模式层出不穷，国家质量基础设施建设显得越来越重要。在我们申报国家社科基金重大项目时，我们也设计了相关研究。所以，本书也是国家社科基金重大项目"虚拟集聚的理论及其应用研究"（18ZDA066）的阶段性成果；本书作者也包括了我们团队成员中的王如玉、李建成、聂伟凡、匡正扬、朱梦亚。

如今，"国家质量基础设施"以及刚兴起的"国家信息基础设施"概念已为大众普遍认可并成为热词。人们对"基础设施"的认知，从只知"硬件"（基建）到既有"硬件"也有"软件"（质量、信息等）的转变，反映了国人观念的升华和国家实力的提升。国家质量基础设施是现代化经济体系的一项基础性制度安排，对于推动中国制造向中国创造转变、中国速度向中国质量转变、中国产品向中国品牌转变具有重要意义。它不仅是"质量立国""质量兴国"的重要基石，而且是提高人民福祉的关键手段。与国家质量基础设施相关的产业正在蓬勃兴起，尤其是检验检测认证产业。关于检验检测认证产业的相关研究已在我们另一本书《中国检验检测认证产业创新研究》中体现。欢迎广大相关研究人员和政策制定者研读并提出宝贵建议。

最后，感谢光明日报出版社慧眼识珠青睐这一选题。中国是世界工业大国，为国家质量基础设施基础理论提供了最好的实验室。希望本书的出版能带动更多的相关理论研究。

梁 琦

2020 年 5 月于中山大学